マラソンは毎日走っても完走できない

「ゆっくり」「速く」「長く」で目指す42.195キロ

小出義雄

JN262753

角川新書

編集協力◎岩本勝暁
取材協力◎佐倉アスリート倶楽部
イラスト◎ツトムイサジ

はじめに

ここに一枚のメモがあります（5頁参照）。少し色あせた紙には、Qちゃん（高橋尚子）が2000年のシドニーオリンピックで金メダルを獲ったときの、レース直前の練習メニューが書かれています。

実は今まで、僕がこうした練習メニューを公開することはほとんどありませんでした。その理由は、やはり真似をされると困るのと、ほかの選手が同じことをやっても、必ずしも強くなれるとは限らないからです。

でも以前、これを一人の市民ランナーに教えたことがあります。

シドニーオリンピックから帰ってきた数日後、僕の地元の千葉県佐倉市にある中華料理屋さんに、Qちゃんと食事に出かけたときのことです。その店を切り盛りしている奥さんが、当時から各地の市民マラソン大会を走っているランナーだったのです。

その日は、気持ちよくお酒も入って、いつしかマラソン談議に花を咲かせていました。そのとき彼女が口にしたのが、「何度もフルマラソンに挑戦しているのに、どうしても3時間が切れない」という言葉です。3時間数分台の一桁まではいくけれど、そこからどうしてもタイムが伸びないと言うのです。これくらいのランナーになると、もう十分にハードな練習もこなしているので、これ以上なにをしたらいいかわからないんですね。

そこで、過去の記録や生活パターンなどを聞いたうえで、Qちゃんの練習メニューとほぼ同じものを紙に書いて渡しました。それが、このメモです。話を聞いているうちに、僕は、彼女の大会前の練習がよくないと思いました。そこで、通常の練習とレース前の練習は分けて考えたほうがいいよ、と言って手渡したものです。

このメニューに沿って練習した結果、彼女は次のマラソンで2時間54分の自己ベストをマーク、見事に3時間を切る「サブスリー」を達成しました。今では2時間40分台で走っているといいますから、やはりそれだけの効果はあったのでしょう。10年近くたった今も大切そうに、このメモを持ってくれています。

これはなにも、ランニング上級者だからできた上達の話、というわけではありません。

市民マラソン大会に目を向けてみると、レース後半から歩いてしまったり、途中で休憩してやっとの思いでゴールする人がとてもたくさんいます。ゴールまでは到達しても、完走できたと言っていいものかどうか。何カ月にもわたって練習してきたのに、記録は5時間台というものです。

楽しく走れたのであれば、もちろんそれもいいでしょう。ですが、そうした人たちの練習には、共通点があります。トレーニングというものを少し勘違いしている、もしくは、ただ知らないだけ、ともいえるのです。

たとえば、みなさん「毎日1時間も走っている」と言います。ところが、よくよく聞いてみると、自宅の周りをトコトコと気持ちよく走ってそのまま帰ってきて終わり。要するに一本調子、変化のないトレーニングなんです。

では、どうしたら速く走れるのか？

答えは、「トレーニングに負荷をかける」ことです。

本書では、その方法をランナーのレベルに合わせてわかりやすく紹介していきます。

まだ漠然とではあるけれど将来フルマラソンを走ってみたいと思っているランニング初心者から、すでにジョギングを始めていて近い将来にフルマラソンを走りたいと

【小出監督メモ】

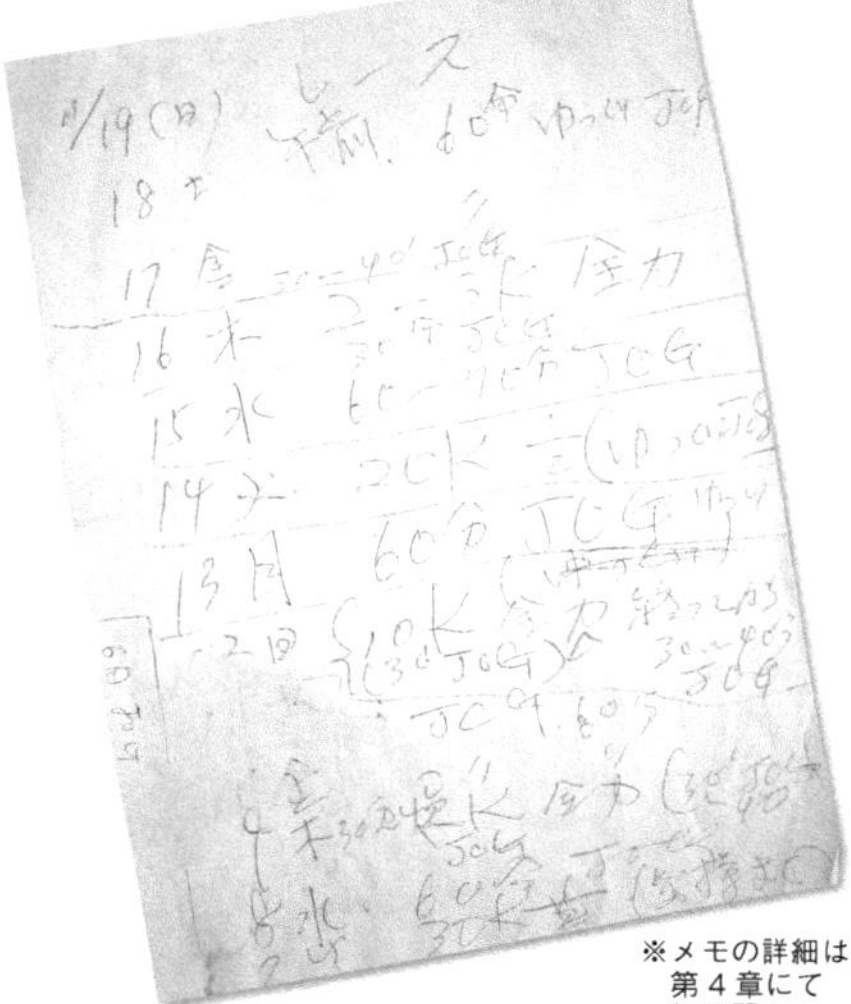

※メモの詳細は第４章にて初公開！

思っている人、あるいは1～2回フルマラソンを走ったけれど4時間が切れないのでなんとかしたいと思っている人、そうした悩みを抱えるすべてのランナーに、正しいトレーニング、本物のトレーニングを教えていきます。僕が監督をしている佐倉アスリート倶楽部での練習方法や、Qちゃんたちに教えてきたことも随時紹介していきながら。

これを読んだすべてのランナーが、「私にもできた！」と喜んでくれることを心から願っています。なにより、たくさんのかけっこ愛好家と有意義な時間を共有することができれば、それに勝る幸せはありません。

2009年秋

小出義雄

目次

第1章　走るための準備を整える

——まずは「ゆっくり走る」ことから

この第1章では「走るための準備」をベースとして、主に3つの要素について述べていきます。

ひとつは、特に太っている人やランニングビギナーに向けた「体の準備」について。最近はダイエットのために走りたいという人が多く、そうした人に「いきなりは走れませんよ」ということを説明します。なので、すでに走れる体ができている人は、次に説明する「脚つくり」から読み始めてもらってもかまいません。

実はマラソンの練習に関しては誤解が多いのが現状です。例えば「毎日、走りつづけることが最大の練習」と思っている人がとても多い。そうした人たちに、将来、フルマラソンを走るための練習とはどういうものか、その基本的な考え方を紹介するのが「脚つくり」の項です。僕が監督を務めている佐倉アスリート倶楽部でやっていることを前提に、この本の根幹となる考え方をまずここで紹介しておきます。佐倉アスリート倶楽部では現在、実業団女子陸上競技部の部員20名を企業から委託を受けて指導しており、なかには世界選手権に出場した選手もいます。彼女たちが行っている練習と、初めてマラソンを目指す人が行う練習は、程度の差はあっても根っこのところは同じです。間違いのない練習方法を紹介していきます。

そして、３つ目が「シューズ選び」等について。ランナーの唯一の道具ともいえるシューズへのこだわりを述べ、脚を痛めずに練習に励める環境を手に入れることを考えます。

以上、基本的な項目が多くなるのがこの第1章ですが、42・195キロという長い道のりを走るにあたっての最初の1歩と考えてください。

1．走れる体をつくる

脚にかかる衝撃は体重の3倍

ここ数年、「小出道場」というマラソンの講習会をやっている関係で、市民ランナーの方からいろいろと質問を受けます。よく聞かれるのは「毎日、どれくらい走ったらフルマラソンに出られますか？」とか「やせたいんですが、週にどれくらい走ればいいですか？」という質問。みなさん、走るにあたって、なにか目標となる基準を設定してほしいようです。

実は、こうした質問をしてくる人には共通点があります。それは、太っている人が多いこと。彼ら、ないしは彼女らには「ダイエットのために」「健康のために」「いい汗をかくために」という目的があり、「今日からでも走りたい」という意気込みもある。すぐにでも目標を定めて、走りたいと考えている人が多いんです。

でも、こうした質問に僕は必ずこう答えます。

「走れるようになるには、ある程度の準備がいりますよ」と。

はっきりいえば、太りすぎの人がいきなり走るのは難しいです。体重を落とさないと長い距離は走れません。もちろん、無理をすれば走れないことはないでしょうが、そうすると間違いなく脚のどこかを痛めてしまう。足首とか、ひざとか、脚の付け根とか、きっとどこかが痛くなる。数日間は気持ちよく走れても、そのあとで故障してしまいます。残念ながら、そうなる人が非常に多いのが現実です。

理由はこうです。

当たり前のことですが、走っているとき、人は片足で着地します。このとき、この片足にかかる衝撃は、実に体重の3倍にも達するのです。80キロの人ならば、240キロ。これだけの衝撃が、1歩走るごとに片足にかかる。衝撃は、かかと、足首、ひざ、脚の付け根などへと伝播する。もちろんランニングシューズを履いているので、ある程度は吸収されるものの、それでも1キロ走るだけでも何百回となく衝撃は繰り返されます。体重が重たい人は、脚のどこかが痛くならないほうがおかしいんです。

だから、準備がいります。体重を減らす努力をしなければいけません。

おすすめは、ウォーキング。歩くことから始めるのが一番です。

ただ、ウォーキングというと嫌がる人がいます。格好悪いと感じるのか、あるいは面倒くさいと考えるのか、「走ろう！」と思っていた意気込みもあって、「歩くんですか？」という反応になる。気持ちは分からないでもありません。でもこれは考え方次第。歩くのは、走ることと変わりません。ただスピードが違うだけです。

誰でも最初からエリートランナーのようにマラソンを走れませんよね。みんな、最初はゆっくりとしたペースで走り始める。ウォーキングは、そのスピードが一番遅いところにあるだけ。マラソンの手はじめのところだと思えばいいんです。ウェアに着替えて、シューズを履いて、外に出て、何キロか移動する――やっていることは「歩く」も「走る」も一緒なんです。

体重がオーバーしている人、そして走るのに慣れていない人は、まずはウォーキングから始めることをすすめます。

ウォーキングメニュー

では、どうやって「歩く」といいのか。実際に、僕がウォーキングをすすめた人の例で話しましょう。

それは、Qちゃん（高橋尚子／以下同）と一緒に北海道で合宿をしていたときのことです。道を歩いていると、大柄で太ったお兄さんが僕の前に来て、「小出監督ですか？」と話しかけてきました。

思いつめたような顔をしていたので話を聞いてみると、どうやら、オーバーした体重をダイエットで減らしたいらしい。若いころはやせていたのに、仕事の関係でいすに座っていることが多くなり、そのうちどんどん太っていき、気がついたら１００キロを超えて、呼吸をするのも苦しくなったと言う。「どうやったらやせますか？」って聞くから、そのときも「いきなり走るのはよくないよ」って答えて、こうアドバイスしました。

「まずは2カ月くらいかけてお腹のぜい肉を減らし、ジョギングできる体型にすることから始める。そのためには、歩くことだね」と。

歩くといっても、ただブラブラと歩くだけでは不十分です。まずは10分間、自分なりの早足で歩く。急ぐように歩く必要はありません。爽やかに汗をかく程度でいいので、とに

【図1-1】 体重オーバーの人に向けて 走れる体をつくるための3カ月メニュー

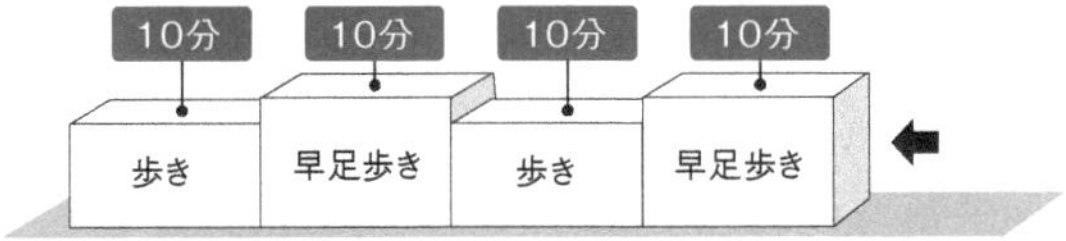
10分
10分
10分
10分
歩き
早足歩き
歩き
早足歩き

トータル40分のトレーニング。1日おき、ないしは週2〜3回でもいいので続けることが大切。慣れてきたら「早足歩き」の時間を増やして下記のような形に変化させていく。

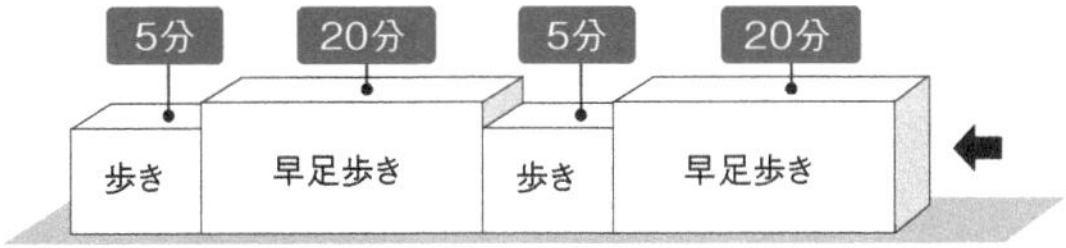
5分
20分
5分
20分
歩き
早足歩き
歩き
早足歩き

慣れるにしたがい、さらに「早足歩き」と「歩き」のメリハリをつけていく。「歩き」の時間は常に10〜5分くらい。「早足歩き」はくれぐれも「急ぎ足」にならない程度に。計50分。

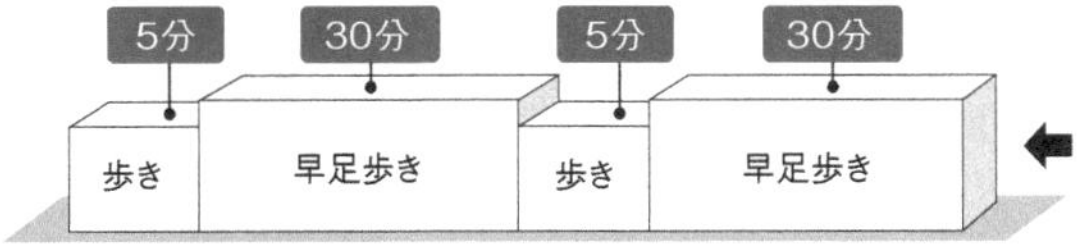
5分
30分
5分
30分
歩き
早足歩き
歩き
早足歩き

2カ月ほど続けていれば、体重も落ちてくるはず（この間、食生活も見直したいところ）。30分の「早足歩き」ができるようになれば、そろそろ「ジョギング」に移行する。計70分。

2カ月間

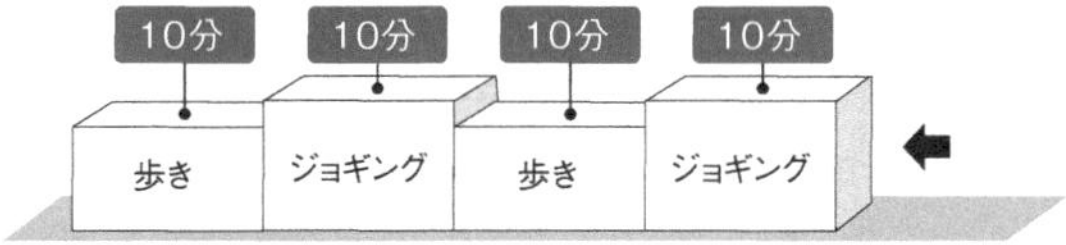
10分
10分
10分
10分
歩き
ジョギング
歩き
ジョギング

「早足歩き」を「ジョギング」に変えたメニュー。まずは「ジョギング」10分から始め、段階的に増やしていく。1カ月くらいで、体重の減少、脚の筋肉の増強を自覚できるようになるはず。

1カ月〜

かく早足で歩くこと。これを10分続ける。早足の10分は、意外と長く感じるもの。大切なのは、無理のない早足で10分間歩き続けることです（図1―1）。

ただ、無理をしないとはいえ10分も早足で歩くと、ほどよく疲れてきます。そうしたら今度はスピードを落として、ゆっくり10分間歩く。北海道だったら景色もいいので、「疲れを取るつもりで、リラックスして歩くといいよ」と彼には話しました。

そして、10分たったらまた早足で歩く。つまり、「早足歩き（10分）＋ゆっくり歩き（10分）」を繰り返します。これを2セットやって40分。体重がオーバーしている人には、これだけでもとても効果的です。

体重100キロを超えていた彼には、これをベースにしたウォーキングを、2カ月間、毎日でなくてもいいので、なるべく頻繁にやるように言いました。

そして、こうもつけ加えました。「もし2カ月の中で早足歩きの10分が楽にできるようになったら、少し時間をのばすように」と。

10分の早足歩きを20分にのばしてみる。それができれば30分に。このレベルまで続けて歩けるようになったら、もうジョギングしても大丈夫。脚にも筋肉がついているはずだし、気になる体重もかなり落ちているはず。走れる体になっているのが、自分でも確認できるはずです。明らかに、体が軽くなりますからね（もちろん、暴飲暴食など不摂生を続けていたらだめです）。

そして、走れる体になればメニューを変えます。やることは「早足歩き」を「ジョギング」に替えるだけ。つまり、「ジョギング（10分）＋ゆっくり歩き（10分）」に切り替える。はじめは1セットでいいでしょう。慣れてきたら、早足歩きと同じように、ジョギングの時間を20分、30分と少しずつ増やしていきます。

これを1カ月も続けていたら、脚の筋肉はかなり強くなっています。5キロや10キロの距離をゆっくり走るくらいなら、きっと楽にこなすことができるでしょう。

北海道の彼は、このメニューでなんと体重が30キロも減ったそうです。そのあと、しばらくしてフルマラソンを完走したことも教えてくれました。

ウォーキングのトレーニングは、ちゃんとフルマラソンにまでつながっているんです。

ウォーキングのフォーム

ところで「まずはウォーキングから始めてください」と話すと、その段階でいつも聞かれる質問があるので触れておきます。

それは、「どうやって歩けばいいですか？」「フォームで注意することはないですか？」というもの。

みなさん、フォームが気になるんです。人はふつうに歩けば、意識しなくても腕を振っているし、かかとから着地してスムーズに重心移動をするものです。練習のためにするウォーキングも、基本的な動作は同じ。難しく考える必要はありません。むしろ「腕の振り方はこう」「足の着き方はこう」「呼吸はこう」と注意点をいくつもあげられたら、動きがぎくしゃくするだけです。

ただ、特にありません、と答えてもなかなか納得してくれない人もいるので、そんなときは、ひとつだけ話すようにしています。

それは、上半身について。背中を丸めて歩く人がいるので、「背筋をまっすぐに伸ばして歩きましょう」とだけ言います。歩きながらイメージしてほしいのは、頭のてっぺんが真上にピンと引っ張られているイメージ（47頁の図参照）。背筋を伸ばすと、下っ腹が引き締まって、おへそのあたりがグッと前に出てきます。腕も自然に振れてくるし、なめらかに脚を前方に送り出せる。そうすると、後ろ側の脚でしっかりと地面を蹴れているものです。

早足で歩いたときでも、体の重心がまっすぐ前に移動していることが大事。上半身が左右どちらかに傾いたりするようであれば、うまくバランスがとれていない証拠です。いい姿勢をとろうという意識が強くて体に力が入っているなど、なにか無理がある。軽く屈伸運動や腕を回すなどして力を抜くか、あるいは少しスピードを落として歩けばいいでしょう。

昔は上半身のバランスを矯正するために、両手に鉄アレイを握って歩く選手がいました。佐倉アスリート倶楽部では、選手におもりを持たせたり、重いグローブをつけさせることがあります。持って生まれた骨格のせいで体の左右のバランスが悪く、長距離を走ると左右どちらかに体が傾く選手への矯正法です。両方の手に重みや力が均等に加わることで、自然に左右のバランスが保たれるようになるのです。

フォームは、自然によくなるのが一番。意識して直そうとしてもなかなかうまくいきません。ウォーキングでも、あまり形を意識することなく進めてください。

ここで大事なのは、歩くことで体重を減らし、脚に走るための筋肉をつけること。フォームの美しさが問題ではないことを思い出して、気持ちを楽にして続けてください。

「山歩き」というウォーキング

ウォーキングも数週間続けていると、マンネリ化し苦痛に思えることもあります。その場合の特効薬をひとつ紹介しましょう。

それは「山歩き」。僕自身の経験を少し話します。

佐倉アスリート倶楽部では毎年のようにアメリカのコロラド州ボルダーで合宿を行っていますが、その間、僕は頻繁に山歩きをします。選手が練習をしている間、健康のためにジョギングをしようと思ったことがきっかけでした。ところが、しばらく運動していないと30分も続けて走れない。途中、何度も脚を止めては休憩、足には大きなマメができてしまったほどです。

そのため、まずは歩くことから始めようと決めたのです。要は、みなさんに言っていることを自分で実践しただけですね。

最初の目標は、続けて1時間歩くことでした。

ロッキー山脈ですから、景色も気候も最高です。頭上には青い空、眼下には町が小さく広がって見え、空気も澄んでいるし環境は申し分なし。そんな中、上り坂ではゼーゼーと息を切らすほど歩きました。

すると不思議なもので、1週間もすると脚の筋肉が丈夫になっているのが自分でもわかってきます。呼吸もだいぶ続くようになって、今度は目標を続けて2時間歩くことにしたところ、脚の疲れも気にならずいくらでも歩けるようになった。3週間の合宿で、帰国するころには5時間くらい平気で歩けるようになり、食事も制限していたので体重が4キロも落ちました。

日本では、同じ佐倉市内（千葉県）にある自宅と合宿所の間（約4キロ）を、日によってジョギングしたり、ウォーキングしたりしながら毎日通っています。おかげで体は今も快調。長く続けていれば、実年齢よりも10歳は若返ることができる。これは僕自身が自分で経験したことなので断言します。

自宅周りのウォーキングに飽きてきたら、休日にちょっと足をのばして山歩きに出かけることをすすめます。

小さな山でいいんです。環境を変えるだけで、数時間も続けて歩けるもの。しかも、上り坂で負荷がかかるので、脚の筋力つくりにもなる。山歩きはランナーにとっていいことばかりです。

2. 走れる脚をつくる

毎日走ってもマラソンは完走できない

北海道のお兄さんの例で、「2カ月のウォーキングメニューを終えて走れる体になったら、1カ月のジョギングを取り入れる」と書きました。いよいよその段階も終えたと想定し、ここからはジョギングを本格的に取り入れた練習について述べていきます。

まずは、目的をはっきりさせておきましょう。ここでは将来的にフルマラソンに挑戦すること、そのために42・195キロを走破できる「脚をつくる」ことに目的を置きます。つまり、ジョギングをするためのジョギングではない、ということの確認です。

実は、ジョギングを数カ月は続けたという人が市民マラソン大会に挑戦すると、ほとんどの場合、中盤以降でスピードが落ちて歩いてしまいます。気持ちは動くのに脚が前に進まない。歩けるのはまだましなほうで、給水場で水を飲みながらずっと立ち止まっていたり、沿道に腰をかけて休んでしまったり……。どんな大会でもだいたい30キロ地点を過ぎると、こうした人が多くなります。

では、どうして走っている途中でスピードが落ちてしまうのでしょう？　その理由を、呼吸が苦しくなったからだとは思っていないでしょうか。「呼吸が苦しくなるから長くは走れない」と言う人がいますが、これは勘違い。長く走ったからといって、呼吸は苦しくはなりません。

呼吸よりも先に参ってしまうのは、脚のほうです。走っているときに呼吸が苦しくなるのは、そのペースが速すぎるだけ。それならスピードを落とせばいいし、完走が目的ならば歩いてでもゴールすればいい。でも、脚が動かなくなってしまったらどうしようもない。そこから一歩も進めなくなってしまいます。

市民マラソン大会を途中で歩いたり、完走できなかった人たちに、「普段どんな練習をしているのですか？」と話を聞くと、同じような答えが返ってきます。

「毎日、５キロ走っていた」

「週末に10キロくらい走っていた」

「会社の昼休みに、毎日30分走っていた」

みなさん、よく走っている。それだけ走っていたのなら、完走くらいはできると思うかもしれません。ところがここに意外な落とし穴がある。練習で毎日走っているといっても、ほとんどの人はゆっくりと同じペースで走っているだけ。毎日毎日、同じペースで５キロや10キロをとことこと走る。毎日休まず走ることに重点が置かれ、汗をかくことに満足している人が多いのです。

覚えておいてほしいのは、「毎日走っている」だけでは、マラソンのトレーニングにはならないということ。脚に負荷をかけていなければ、強い脚はできません。42・195キロを走りきる脚はできないのです。ときには息がゼーゼー言うくらいまで追い込む。フルマラソンに耐えられる「脚つくり」をするためには、脚に刺激を与える練習が必要なのです。

ここからは、初心者に向けた「脚つくり」からスタートして、徐々にレベルを上げながら、第2章以降のより高度な練習メニューへとつなげていきます。

1週間に1日は「脚つくり」をする

はじめは初心者に向けた、基本中の基本となる練習メニューです。まだ、長い距離を走ったり、激しい走りをするのに自信がない人でも続けられる内容を紹介していきます。

まず、やることは、「1週間で何日練習できるか」を決めること。できれば3日は練習日がほしい。時間は短い日があってもいいので3日以上走れる日をつくる。もちろん多く

【図1-2】「脚つくり」を考えた1週間メニュー／ジョギング編
――週3日練習――

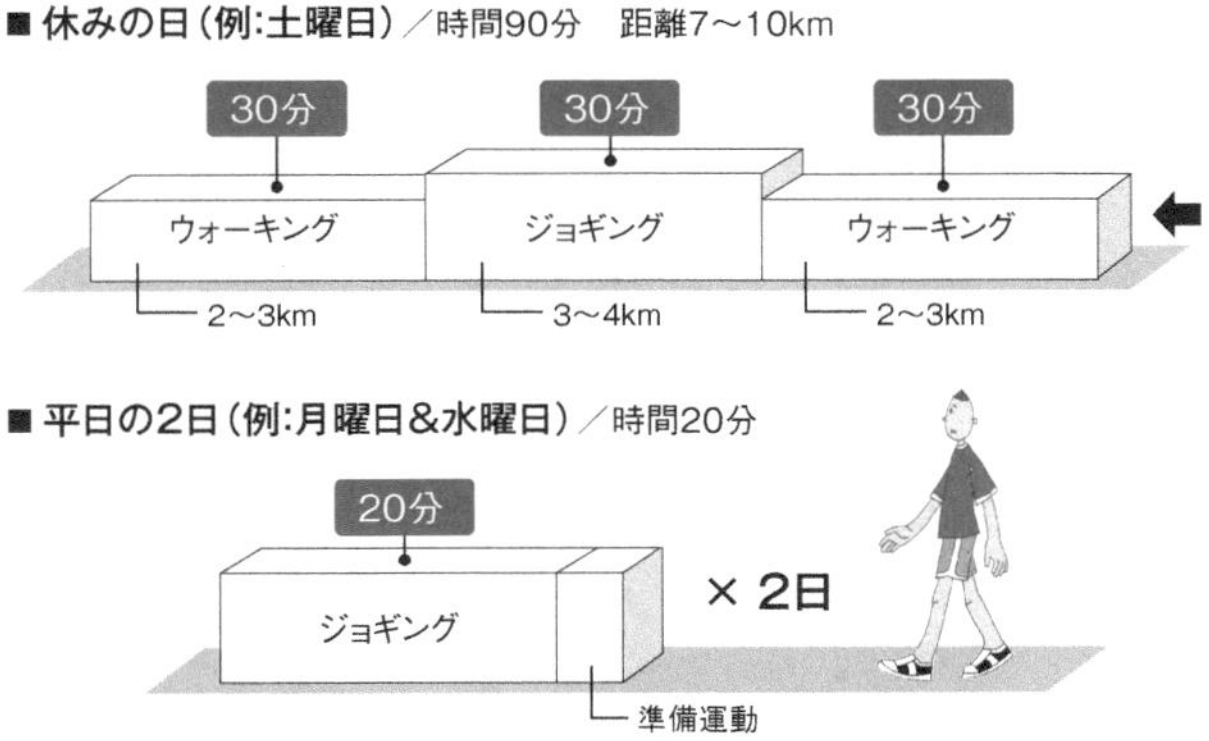
■ 休みの日（例:土曜日）／時間90分　距離7～10km
30分
30分
30分
ウォーキング
ジョギング
ウォーキング
2～3km
3～4km
2～3km
■ 平日の2日（例:月曜日&水曜日）／時間20分
20分
ジョギング
× 2日
準備運動

とれるなら4日でもかまいません。

ポイントは、3日なら3日の中に1日だけ「脚つくり」に重点を置いた練習日を設定することです。時間的には90分。結構長い時間なので、仕事がある平日ではなく、休日をあてるのがいいでしょう。

では、この90分間でなにをするのか。ジョギングを始めたばかりでは、この90分間をずっと走り続けるのはまだきついでしょう。そこで、ここでは3段階に分けて考えていきます（図1―2）。

まず、最初の30分はゆっくりとしたウォーキング。ウォーミングアップを兼ねるので、ほんのりと体が温まってくる程度まで気楽に歩く。

次に30分が過ぎたら、ペースを上げてジョギングに切り替える。腕の振り方や足の着き方などは考えなくてもいい。フォームは気にせず、30分間を自分なりの楽なペースで走り続けること。「楽なペース」というのは、だいたい鼻歌が歌えるくらい。誰かと一緒に走るなら、おしゃべりをしながら走れるくらいのスピードです。

このジョギング区間では無理は禁物です。スピードを上げすぎずに、30分間止まることなく走り続けることを心がける。途中で疲れてしまったら、立ち止まって休憩するのではなく、ペースを落とすことを意識します。

そして、最後の30分はクーリングダウン。疲れを取るつもりで、汗を拭きながらゆっくり歩いて家に帰ります。

以上をまとめると「ウォーキング（30分）＋ジョギング（30分）＋ウォーキング（30分）」で計90分。距離に換算すると、初心者でも30分のウォーキングを続ければ2～3キロ、ジョギングなら3～4キロにはなるので、90分の練習ならばトータルで7～10キロも走った（歩いた）計算になります。

どうです。結構な距離を進んだとは思いませんか。ウォーキングが大半とはいえ、やってみればそれなりにハードな練習に思えるはずです。

この練習を楽にこなせるようになったら、30分に設定していたジョギングの時間を少しずつのばしていく。５分ずつ段階的にのばして35分、40分、45分としてもいいし、10分ずつ40分、50分、60分にしてもいい。自分が無理なく走れる時間で決めていく。念のために付け加えると、無理をして急激に時間をのばさないこと。脚を痛めたり、途中で練習を続けるのが嫌になりかねません。

その代わり、ジョギングの時間がのびるにつれてウォーキングの時間を減らすのはかまいません。前・後半のウォーキングをそれぞれ10分ずつ削ったり、20分ずつ削ったり。ただし、ウォーミングアップとクーリングダウン用にそれぞれ５〜10分のウォーキングは残したほうがいいでしょう。

こうして練習を進めた結果、仮に60分も走り続けることができたら、初心者でもかなりの達成感を得られるはずです。また、そこまで至らなくとも、ウォーキングとジョギングで90分間休まずに動き続けることができれば、練習としては十分です。脚つくりがしっかり進むことに加えて、心理的にも「90分間続けて運動した」、「10キロ近くも休まず移動した」という実績が、次の段階に進む自信になるはずです。

さて、３日のうちの１日に「脚つくり」の練習ができれば、あとの２日は20分程度の軽いジョギングで十分です。仕事が終わって家に帰ってからでもいいし、会社でやってもいい。昼休みを利用して、会社の近くの公園で走っている人もたくさん見かけます。帰宅してからやるなら、夕食を食べる前に準備運動の時間も含めて20分だけジョギングをする。特に体重を減らしたい人は、食事の前に走ったほうがダイエットの効果があります。

以上、これが走り始めの基本中の基本の練習メニューです。この段階が必要かどうかは自分で判断して次のトレーニングに進んでください。

「全力1キロ走」でつくる脚

90分間の「ウォーキング&ジョギング」に慣れてきて、物足りなさを感じたら、もう少しハードな練習に進みます。心肺と脚の両方を追い込むために「全力」で走ってもらいましょう。全力で走る距離は1キロ。時間にして10分弱。この全力走を2本入れて、以下のようなメニューを組みます（図1－3）。

①まず、はじめの20分はウォーミングアップで軽くジョギング。

②そのあとに、全力1キロ（もしくはほぼ1キロに相当するであろう8分間などでも可）。

【図1-3】「脚つくり」を考えた1週間メニュー／全力走編
——週4日練習——

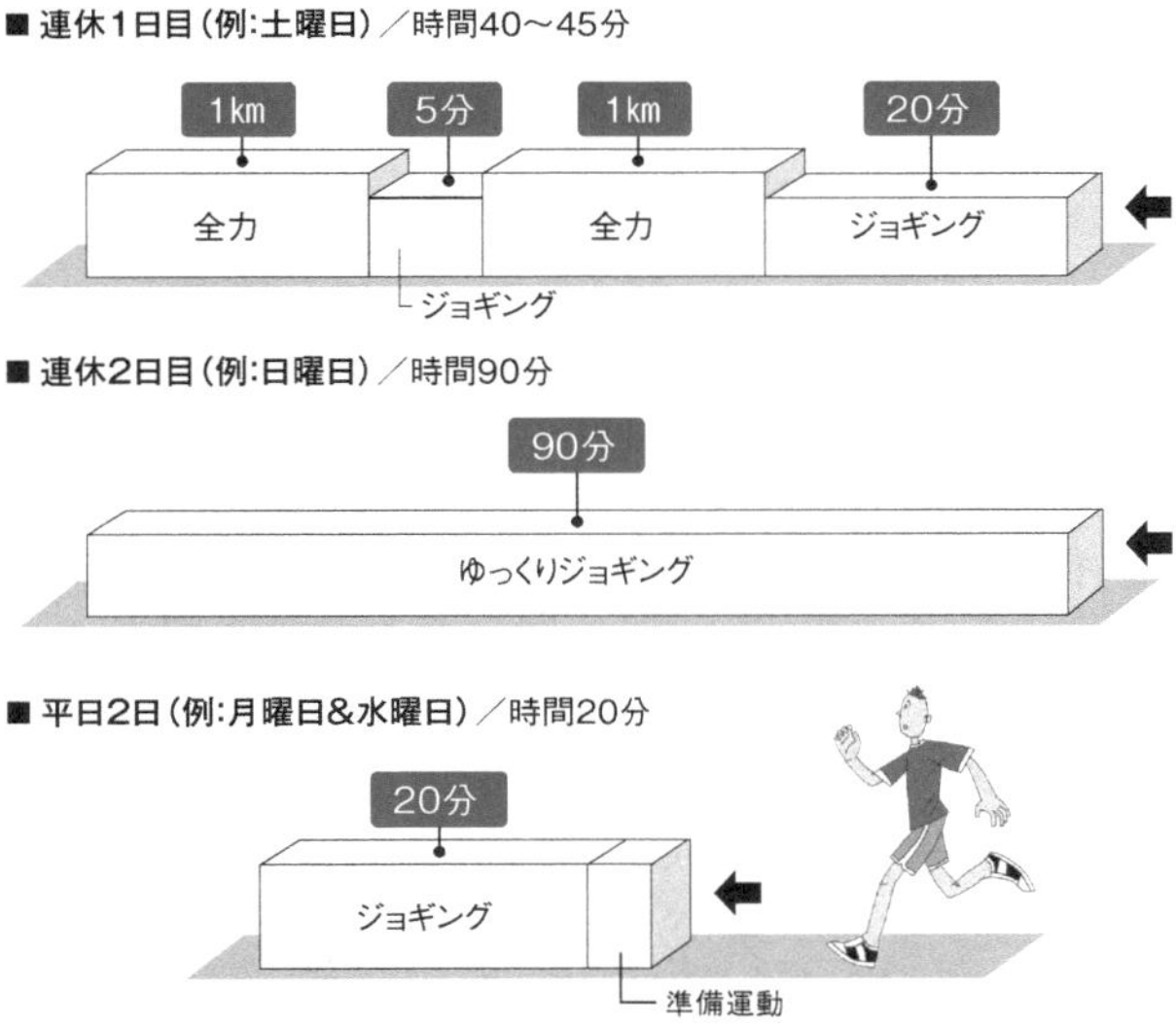
■ 連休1日目（例:土曜日）／時間40〜45分
1km
5分
1km
20分
全力
全力
ジョギング
ジョギング
■ 連休2日目（例:日曜日）／時間90分
90分
ゆっくりジョギング
■ 平日2日（例:月曜日&水曜日）／時間20分
20分
ジョギング
準備運動

③　1キロ走ったら、5分間ゆっくりジョギングして呼吸を整える。

④　そして、また全力で1キロ（②と同）。

かかる時間はトータルで40〜45分程度。先の90分メニューの半分ほどながら、かなり追い込んでいるので脚つくりと走力アップの効果が見込めます。

ところで、長距離走の練習でいう「全力」について、ここで一応触れておきます。誤解のないように言うと、短距離走のような猛ダッシュをイメージしてはいけませんよ。1キロなら1キロを走りきる上での全力。途中でペースダウンするようではオーバーペース。1キロをとおして自分を追い込み続けられるスピードと考えればいいでしょう。決められた区間を、呼吸がゼーゼーいうまで追い込んで走り続けるのが全力です。

ただし、全力での走りはそれなりに脚に負担がかかります。前述した体重の3倍の衝撃を思い出して、必ず体重を少し落としてから取り入れること。ここまで、脚に負担の少ないウォーキングを使って練習してきたのは、こうしたハードな練習に耐えられる体と脚を安全につくるためだったのです。

脚さえできてくれれば練習はいくらでも短時間ででき、効率的にもできます。まずは、練習に耐えられる脚つくりを念頭に置き、トレーニングに励んでください。

2日連続で休める日の練習メニュー

話を「全力」のメニューにもどしましょう。

先の計40〜45分の「全力走」を行う場合、できれば仕事が休みの日が2日あるとよりよい練習メニューが組めます。土日などの連休を利用して、1日目の土曜日を「脚つくり」

の日にして全力練習をする（前出の図1―3）。

そして、「脚つくり」で負荷をかけた次の日（日曜）は、疲労を取るつもりでゆっくり長い距離を走るといい。ここでは、90分間続けて走ることに挑戦してください。ゆっくりでいいから、90分間ジョギングを続ける。先の「ウォーキング（30分）＋ジョギング（30分）＋ウォーキング（30分）」で積んだ90分の練習経験がここで生きてきます。

きつければ最初はウォーキングを混ぜてもかまいません。長い距離をリラックスして走るのは、前日の疲労を取ると同時に、スタミナを身につけることにつながります。90分間を走っているうちに、力がついてきたことを実感できるはずです。

こうして2日間のスケジュールを組んだら、できれば次の日（月曜）も軽く20分のジョギングができるとベストです。きつい練習をした翌日は、脚を完全に休めるよりも軽めの練習をしたほうが疲労も程よく取れて、脚つくりも進んでいくのです。

完全に休むのは4日目、土日に走った人なら火曜日。あとは水曜か木曜にまた軽い20分のジョギングを入れれば、週4日の密度の濃い練習になり、筋肉の回復も早く、体はぐっと強くなります。平日に費やす練習時間は20分だけなので、会社勤めの人にも取り組みやすいメニューとしてよくすすめているものです。

このように、1週間の練習スケジュールを組むときは、「負荷をかける練習」と「負荷をかけない練習」で波をつくることが大事です。きつい練習をした次の日は、軽いジョギングだけで済ます。あるいは練習日の間隔が開き過ぎないように配分を考える。自分の生活パターンと照らし合わせながらオリジナルのスケジュールを組むと、走ることもよりいっそう面白く感じられるようになります。

ペースを覚える

前の項目で「全力」について触れたので、今度は「ペース」についても考えてみます。「1キロ10分ペースで10キロ走った」というようなときに使う、あのペースです。

「どんなペースで走ればいいか」あるいは「どんなペースで走ることを目標にしたらいいか」——。練習を進めていくと、ペースを考えながら走ることが多くなります。いろいろ思いをめぐらせるのですが、実はペース設定の考え方は簡単です。

単純に、レースに出たときに何分で完走したいか、それを考えればいいのです。たとえば、10キロの大会に出るときの目標が70分での完走だとすると、1キロの平均タイムは7分。1キロを7分で走るスピードが、あなたにとっての目標ペースということになります。

もし、練習で実際に走ってみて、1キロを7分で走りきることができなかったら、その設定タイムはあなたにとってレベルが高い証拠。それなら、少しタイムを落として7分10秒や7分20秒にしなければなりません。

河川敷や公園の周回コースなら、距離を示すキロ表示が出ています。試しに1～2キロの距離を、タイムを計りながら走ってみれば、ある程度の走力はわかります。あまりペースをアップダウンさせず、イーブンペースで走りきることがポイント。走った結果が今後の走力レベルの指標となります。

もし8～9分くらいのペースならランナーとしては初心者クラス。それでも10分を切っていれば、これから徐々にのばしていけばいいでしょう。

あくまでも目安ですが、大人が1キロを歩いたときにかかる時間は、一般に15分といわれます。つまり「歩き」のペースは1キロ15分。「早足歩き」なら11～12分。「ジョギング」なら少なくとも10分は切りたいところです。8～9分がランナーとして初心者クラスといったのは、「ジョギング」レベルの走力はついているという意味です。

10分を切って1キロを走れるなら、ここまで紹介した「90分メニュー」や「全力走」を取り入れた練習を続けることで、距離もタイムものばしていけます。一方、1キロ10分以上かかっているようならジョギング練習に入るレベルとはいえません。体重がまだオーバーしているようなら、ウォーキングや早足歩き、軽めのジョギングなどでもう少し体を絞って10分を切れるくらいまでがんばってほしい。故障をしないためにも、少し考えてみてください。

ただ、1キロ10分を切った人も、こんなペースで満足してはいけませんよ。まずは1キロ7～8分のペースで走ることを目標にしましょう。仮に1キロ7分ペースで1時間走り続けられれば8・5キロの距離を走れます。それくらいのペースで走れるようになれば、10キロレースあたりへの出場も見えてくるはずです。目標を持って、練習に励んでください。

三日坊主について

さて、練習もここまで続けば、走るのが面白くなってくると思います。ただ、ここまで到達する前に挫折してしまう人もいます。いわゆる三日坊主。でも、これは「挫折」というより、「がんばり過ぎ」が原因のことが多い。日本人は性格的にがんばり過ぎが多いんです。

僕が千葉県の市立船橋高校で教員として陸上部を指導していたときのこと。全国高校駅伝で優勝したこともあって、よくこんなことが起きていました。

3月になると、4月から入学予定の生徒が「練習をやらせてください」「合宿に参加させてください」と言ってきます。日本一を経験した高校に入学することから、みんな最初はやる気でみなぎっている。中学校の卒業式が終わって学校が休みになった段階で、僕も「いいよ、合宿に来な」と歓迎していました。

中学生とはいえ、それなりに脚には自信のある子が多いから、彼らは初日から一生懸命に練習についてきます。僕の練習は厳しいから、「あまりがんばりすぎるなよ」と声をかけるんですが、それでも気力でついてくる。合宿が終わるころには、もう全員くたくたです。体力が追いついていないのに、いきなり高校生の練習に参加したんだから当たり前でしょう。すると、そのうちの数人は、これから3年間もこんな練習が続くのかと思うと自信がなくなり嫌になる。「もうやめさせてください」って。まだ入学もしてないのに、そうなってしまう。体ができていないことを自覚しないで、気持ちだけでやろうとするから辛くなるんです。明らかにがんばり過ぎです。

大人のアマチュアにも同じようなことがあります。最近は、東京の皇居周回コースで練習している人も増えました。近くの会社で働いている人が、昼休みを利用して練習に励んでいます。だけど、周りに同じように走っている人がいると、どうしても競り合ってしまう。誰かに抜かされるのが嫌で一生懸命になって、無意味に疲れてしまう。これがダメなんですね。けがにつながるかもしれないし、いいことはない。一気に熱くなって、一気に冷めてしまう。

がんばり過ぎにはほかにもあって、例えばひとりで走っていても、自分の練習内容をどんどん厳しくしてがんばってしまう人がいる。「きのうより速く走ろう」とか「きのうより長い距離を走ろう」とか。こんなことを続けていたら、やっぱり無理がおきる。体に負担がかかって故障するか、精神的に負担になって走ることが嫌になってしまう（図1－4）。

また、毎日練習しないと気がすまず、雨でも雪でも、体調が悪くても走ろうとする人もいます。これも、やがて負担になるのは間違いありません。雨が降っていれば「お天道様が与えてくれたプレゼント」だと思って休みにする。風邪をひいたときは「神様がくれたご褒美」だと思ってゆっくり過ごせばいいんです。

せっかく始めた練習を途中で挫折するのはもったいないものです。人間の体は、どんなに鍛えた筋肉も、1週間も使わなかったら2分の1まで衰えてしまう。心肺機能も刺激を

【図1-4】三日坊主に陥る人の典型パターン

1 距離をがんばり過ぎる

例
きのうは3km走ったから、今日は3.5km走ろう!
▼
数日すると「4km走ろう!」になり、また数日で…。

2 タイムをがんばり過ぎる

例
今日は、きのうより速く走るぞ!
▼
数日すると、また「きのうより速く走るぞ!」…。

3 天気が悪くても走る

例
これくらいの雨なら、大丈夫!
▼
靴は濡れるし、マンホールなどで滑るし…。

4 体調不良でも走る

例
ちょっとセキが出るけれど大丈夫!
▼
悪化はしても、良くなることはないはず。

やがて

体の故障　**精神的負担感**

与えなければ、2週間でなにもやっていないのと同じ状態になってしまう。トップアスリートだって、1カ月も運動をしなければ「ただの人」です。

練習は続けなければ意味がありません。続けるためにはがんばり過ぎないこと。その意識がないと長くは続きません。あくまでも健康のためと、気楽に走ったほうが長続きするものです。

練習は裏切らない

三日坊主がある一方で、練習を続けていれば必ず結果がついてくる、という前向きな話も紹介しておきましょう。ある女性を例にあげます。彼女は初心者でしたが、3カ月の練習でフルマラソンのタイムを2時間も縮めました。

数年前、アシックスと小出道場の共同企画で、ニューヨークシティマラソンに派遣する一般ランナーを募集したことがありました。僕がつくったメニューで一定期間練習してもらい、ニューヨークシティマラソンで自己ベストに挑戦しようという内容です。200名以上の応募があって、書類選考で絞り込まれた50名には佐倉市のグラウンドまで来てもらい、そこで彼らの走りを見た上で面接をし、最終的に選んだ3名の中にその女性は入っていました。

　学生時代はバスケットボールをしていたというから、それなりに運動経験はあったのでしょう。過去にはホノルルマラソンや荒川のマラソンを完走したことがあるとも言っていました。ただし、ベストタイムは5時間50分。これは完走したというより、歩いたり休んだりしながらゴールしたのだろうというタイムです。それは彼女の体型を見れば想像できました。ぽっちゃり型で少し太っていたんです。

　だから僕も、つい言ってしまった。

「このままだと、あなたはフルマラソンを本当の意味で完走できないよ」って。

　悔しかったんでしょうね。僕がつくったメニューをもとに、週に何日も練習しました。最初のうちは腕振りのリズムも悪いし、姿勢もめちゃくちゃ。大丈夫かなと心配したけど、彼女はニューヨークシティマラソンで完走したいという意欲に満ち溢れていて、メニューどおりに練習を続けました。

　しばらくすると、「ジョギングをはじめて人生観が変わりました」と言うんです。どうやら、今までは毎日の生活に張り合いがなかったらしい。それが、マラソンに出会って、毎日が楽しくてしょうがない。ご両親まで喜んで、応援しながら一緒に走っているといいます。

3カ月もすると体がグッと絞れて、ニューヨークに連れて行きました。そうしたら完走はもちろんのこと、3時間58分で帰ってきた。見事に4時間を切る「サブフォー」を達成したんです。

マラソンの練習は裏切りません。フルマラソンは誰にでも完走できる。人は、練習さえ続けられれば、いくらだって進歩することができるのです。

フォームで気をつけるのはひとつだけ

ある程度走れるようになってくると、自分のフォームが気になってきます。ウォーキングと同様、ランニングのフォームについても質問が多いので、少し触れておきましょう。

結論から言うと、基本的にフォームは気にする必要はありません。

その理由は、人によって筋肉の質や強さが異なるから。腹筋が弱い人もいれば、太ももの筋肉が強い人もいる。それが個性です。理想的な走り方も人それぞれ、違っていて当たり前。それをひとつの型にはめようとすること自体に、無理がある。だから、フォームは気にしないで、ごく自然に走るのが一番いい。

また、どれだけ意識してフォームを直そうとしても、疲れてくると自分が一番走りやすいフォームに戻ってしまうものです。でも、それが間違っているわけではありません。フォームというのは速くなればなるほど、理想的な形に変わっていくものですから。走っていくうちに無駄がそぎ落とされて、自然と自分に合ったフォームが完成されていくのです。

それに、ウォーキングの項でも触れたように、フォームの矯正は思っているほど簡単ではありません。

僕と出会ったころのQちゃんの話をします。まだ、大学（大阪学院大学）を出たばかりのQちゃんのフォームは、理想とはほど遠いものでした。左側に首も体も傾けて、踏み出した右足のつま先も外側を向いていました。並みの選手として付き合うのであればそのままでもいいでしょうが、彼女には類まれな心肺機能と練習熱心な性格があり、世界のトップを目指すアスリートとして考えていました。オリンピックでメダル獲得を目指すなら、悪い癖は直さなければいけません。

僕が指摘すると一時的には直りました。ところが、すぐにまた元のフォームに戻ってしまう。長い年月をかけて刻み込まれた走り方ですから、それも仕方がありません。

Qちゃんは学生時代、いつも陸上トラックを使って練習していました。トラックは左回りで使うので、それが影響したのかもしれません。また、街中に出たときも道路の左側だけを走っていました。道路というのはセンター部分が少し膨らんでいて、両サイドに向けてゆるい傾斜がついているもの。その傾斜のせいで、ここでも片足に負荷がかかっていたのかもしれません。Qちゃんの体を調べてみたら、左足が8ミリくらい長くなっていたのです。

どうしても直らないから、2年半の間、ずっと道路の右側を走らせました。そうすると、体の左側を対向車が通り過ぎていくのが危なくて、体は自然に右側へ傾くようになる。左に傾いていた上半身は、しだいにまっすぐになりました。ただ、自動車が通るたびに、ドライバーの方には叱られていましたね。「すみません」って、頭を下げるのは僕の役目です。

でも、Qちゃんはそのおかげでつま先も正面を向くようになって、歩幅も2〜3センチのびました。腕もきちっと振れるようになった。リズムがよくなって、ピッチもとても速くなったのです。

これはあくまでも、世界一を目指すアスリートの例です。一般のランナーがここまでする必要はないでしょう。これほど、フォームをいじるのは難しいということを話したまで

【図1-5】背筋を伸ばしたフォーム

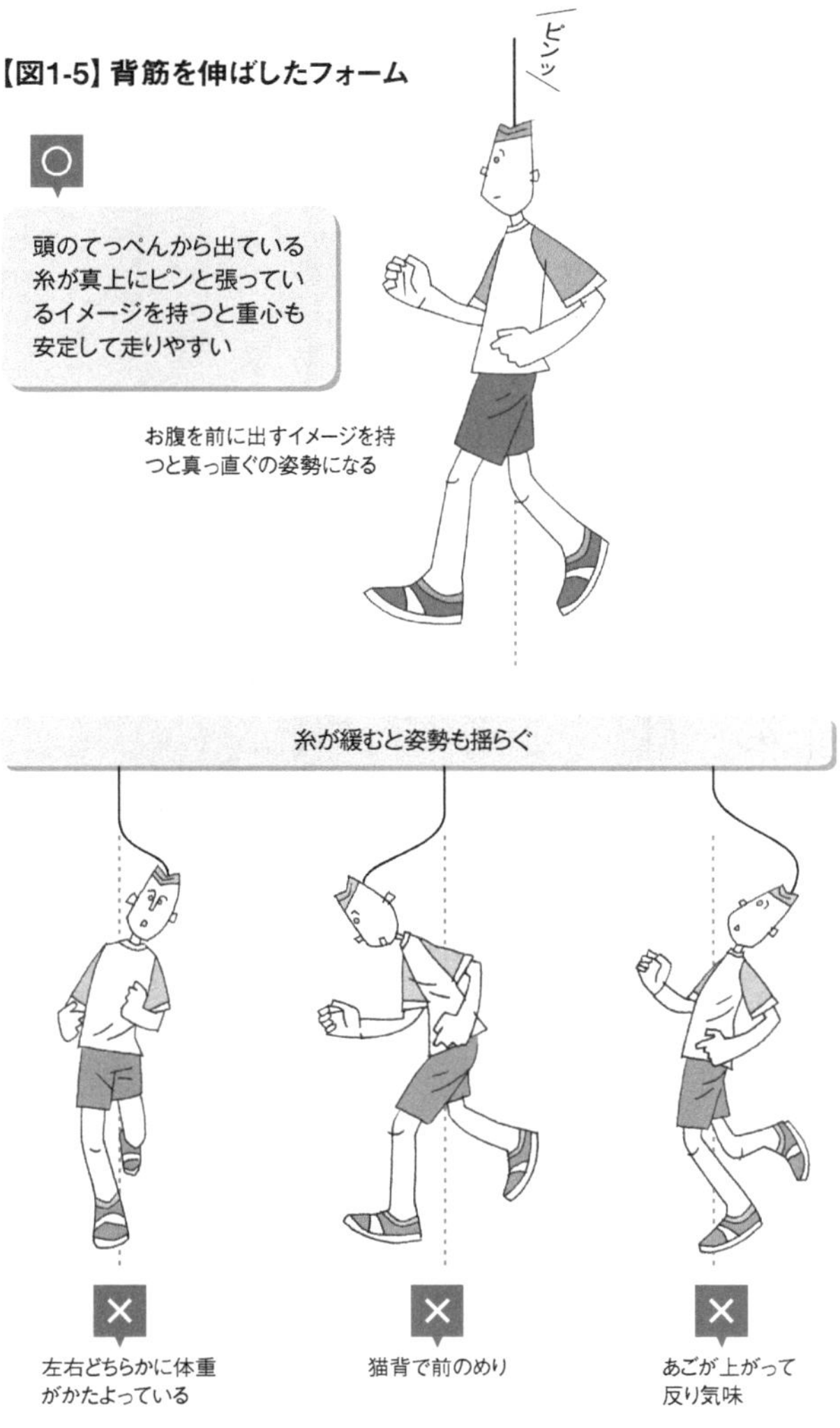
ピンッ
○
頭のてっぺんから出ている糸が真上にピンと張っているイメージを持つと重心も安定して走りやすい
お腹を前に出すイメージを持つと真っ直ぐの姿勢になる
糸が緩むと姿勢も揺らぐ
×
左右どちらかに体重がかたよっている
×
猫背で前のめり
×
あごが上がって反り気味

です。

それでもひとつだけ、ウォーキングの項でも説明したように、背筋は伸びていたほうがいい、ということだけは言っておきます（図1－5）。

姿勢が悪いと、走るのにもやはり都合が悪い。たとえば、人間の体は疲れてくると後ろに反ってしまう。これが「あごが上がる」という状態。たくさん空気を吸いたいから、気道を伸ばすためにあごが上がるのです。息は吸いやすくなるけれど、頭は重いから体も後ろに傾いてしまう。そのまま走っていると、歩幅も短くなるし、腰やひざを痛める原因にもなります。

また、猫背で走るのもよくありません。腹筋が弱い人に多いのですが、そのまま走っていると腰を痛めるし、胸の周りの骨格が縮こまって肺にうまく空気が入ってこない。いいことはないのです。

ほかにも、上半身が左右のどちらかに傾くような人は、一方に負荷がかかりすぎて全体のバランスが悪くなってしまいます。

走っているときは背筋《せすじ》が伸びていたほうが体にもいいものです。姿勢のいいフォームを心がけるポイントは、頭のてっぺんが真上に引っ張られているイメージを持つこと。前後や左右に頭を大きく揺すらないよう心がけることで、ある程度フォームは管理できます。

背筋がまっすぐに伸びていると、足を遠くに着けるので、自然と歩幅が大きくなり、前に進む推進力が生まれます。おへそを前に出すように意識して走ってみると、脚が自然と前に出て、ふっと体が進みます。

3. 道具をそろえる

シューズ選び①——こだわりを持つ

みなさんは普段、どんなシューズを履いて練習しているでしょうか。

なかにはスニーカーで走っている人がいるかもしれません。バスケットシューズやテニスシューズの人もいるでしょう。こうしたシューズでも走れないことはありません。でも、運動の目的が違えば、シューズの機能も異なるもの。マラソンは自分の体を前に前にと、ひたすら運ぶスポーツです。バスケットボールやテニスとは運動の内容がかなり違うことを考えてほしいのです。

ランニングの専用シューズが特に優れている機能は、速く走るための軽さと、着地衝撃から脚を守るクッション性です。仮に歩幅が1メートルの人なら、10キロで1万歩、20キロなら2万歩、フルマラソンなら4万2000歩。これだけの回数の着地衝撃を受けるのですからクッション性は欠かせません。

その重要性は、初心者だろうとベテランランナーだろうと同じ。これからより高度な練習をするためにも、自分の足に最適のシューズを選んでおくことをすすめます。

シューズはマラソンを快適に走るためのほとんど唯一といってもいい道具です。そのため、オリンピックを走るアスリートは、シューズに対するこだわりも半端ではありません。

Qちゃんはマラソンを1本走るために、契約しているメーカーに40足もシューズをつくってもらいました。そのすべてに足を通し、実際にロードで試し履きをしていました。もっとも重視していたのが靴底のゴム、つまりソールの反発力です。厚さが0・5ミリ変わっただけで、その違いが感覚でわかるといいます。

市民ランナーがシューズを改良するのは難しいですが、突き詰めていくとそこまでこだわりたくなるのがシューズです。自分にとってのベストな一足が見つかるように、できる限りこだわってみてください。

ランニングシューズの違い

右が練習用でソール(くつ底)が厚い、左がレース用でソールが薄いのが分かる(アシックス提供)

シューズ選び②――ポイントはソール

今はシューズの種類も豊富です。初めて買うときはあまりの品数の多さに迷うでしょう。そういうときは、まずは「ソール」を基準に選ぶのがポイントです。

ジョギングをはじめたばかりの初心者は、ソールが厚くて少し硬めのシューズを選ぶのが無難です。特に重要なのが、ソールの「返し」。地面を蹴ったときにスコーンと力が抜けるようなシューズはすすめられません。

試しにシューズのつま先を手のひらで持って、ぐっと後ろに反らしてみてください。パッと手をはなすと、ソールが反発してすぐに元に戻ろうとします。この元に戻ろうとする力、つまりソールの反発力を利用して、ランナーは地面を蹴っています。だから、このときに土踏まずの部分がふにゃっと曲がってしまうようなシューズは避けたほうがいい。余計な負荷が足にかかって、故障の原因につながってしまいます。

体重が重い人は、特にシューズ選びには慎重になってほしいものです。着地衝撃は体重の3倍にもなるので、ソールが薄かったり、柔らかかったりすると足がすぐに疲れます。選んでほしいのは、ソールが厚くて弾力性のあるシューズ。練習を積んで体重が軽くなり、「もっと記録をのばしたい」と思ったらソールが薄くて軽いレース用のシューズに切り替えればいいでしょう。

ソールの厚さを見れば、その靴が練習用なのか、レース用なのかはすぐ分かります。エリートランナーがレースで履くシューズは、ソールがとても薄い。なぜなら、ソールが薄くなれば、その分、シューズ全体の重量も軽くなるからです。駅伝を走る選手のシューズなんて本当に軽い。しかも薄いソールなのに返しがいいから、じかに舗装道路を捕まえながら地面を軽快に蹴ることができるのです。

たとえ初心者でも、大会のときはレース用のシューズを試してみるのもひとつの手です。そのシューズがあなたにフィットしていれば、見違えるように速く走れます。ただし、一般のランナーはアスリートに比べて体重があるので、ソールが薄いシューズでレースに臨むとかえって足を痛めてしまう可能性があるので注意してください。

シューズ選び③——試着の仕方

シューズが決まったら、実際に履いてみましょう。そのとき、「サイズ」と「履き心地」の2つをチェックしなければいけません。

サイズは、座った状態で両足のシューズを履き、かかとを床でトントンとたたいて合わせます。しっかりと紐を締め、立ち上がって少し歩いてみる。ここで、確認するのは横幅とつま先です。足がシューズの中で安定せず泳いでいるのは、シューズの横幅が大きい証拠。逆に小指の付け根あたりが痛むようであれば、横幅が小さすぎます。つま先はきつすぎても緩すぎてもよくない。靴下を履いてシューズの中でつま先を伸ばしても足の指が自由に動くくらい、先っぽに5ミリから7ミリの余裕があれば問題ありません。

サイズに関してもうひとつ付け加えます。それは、「かかと」。今のシューズはヒールカップと呼ばれる硬い素材が入っていて、かかとをしっかりホールドしてくれます。そこが安定していないシューズはよくない。また、かかとが深いか浅いかもチェックしておくといいでしょう。走っている最中に、かかとがマメだらけになる人もいますし、ここが深すぎるシューズを買うと、はくときに得てしてかかと部分を踏んづけてしまいがちです。なかには、つぶしてしまう人もいる。ヒールカップが台無しになってしまうので気をつけてください。

靴ひもについても少し触れておきます。シューズに紐を通すときに、上から通すか下から通すか迷う人もいますが、それほど変わりはありません。エリートランナーも、そんなところに気を配る人は少ない。ただし、あまりに細いシューレース（靴ひも）は、締め付けが弱いので避けたほうが無難です。

靴ひもを締めるときに、足首に近いほうだけぎゅっと締める人もいます。そうすると、足首がうっ血してしまうことがあるから気をつけてください。それに、キックが利かなくなって、歩幅も伸びなくなる。程よく適度な強さで締めましょう。

ウェア選びと便利な小物

①ウェア

ウェアは、もちろん普通のTシャツでかまいませんが、「汗」が気がかりです。吸い込んだ汗を発散しないとずっしりと重くなってしまう。それに、湿ったシャツは生地が肌に張り付いて体の動きを制限してしまうので、腕の振りも鈍くなってしまいます。

最近のランニングシャツは、汗をよく吸収し、素早く発散するいい素材のものが出ています。しかも、着用感がよく、軽いから体を動かしやすい。パンツも太ももに汗で張り付かないようなものを選ぶといいでしょう。基本的に「汗」を考慮すれば、夏はＴシャツに短パンでもいいし、タンクトップならより涼しくて快適に走れます。

冬の場合は体温を守るような長袖や、ジャージなどを着込んで走れば抵抗感はないでしょう。

②ソックス

５本指ソックスを愛用しているランナーが増えてきました。理由は、マメが防げる上に、水虫の予防にもなるから。

特に夏場は靴の中が蒸れるので、足の皮がふやけて靴擦れしやすくなります。５本指ソックスでなくても、靴擦れしそうだなと感じたら、できれば厚めの靴下を履いておいたほうがいいいいようです。

③サングラス

意外と重宝するのがサングラスです。高価なものである必要はないけど、炎天下で走るときは目を痛めることがあるので、紫外線を通さないサングラスは必需品です。

マラソンランナーはみんな黒っぽい濃い色のサングラスをかけています。なぜ濃い色がいいかというと、見える景色が涼しく感じるからなんです。晴れた日中を走っていても、太陽の光をそれほど感じなくて済みます。サングラスをかけていないと舗装道路の照り返しが眩しくて、陽炎が出ているとそれだけで精神的に参ってしまう。

濃い色のサングラスをかければ、曇って見えるから道路もきれいに見え、気持ちよく走れます。

第2章　脚と心肺に負荷をかける

――「速く」走るために

前章で、「脚つくり」の大切さについて少し触れました。漠然とではあっても将来のフルマラソン出場を考えているのであれば、ただジョギングをしているだけでは完走は難しい。「全力走」で脚に負荷をかけた練習が必要だ、と述べました。そして、こんな練習をすすめたものです。

「全力（1キロ）＋ジョギング（5分）＋全力（1キロ）」

ゼーゼーと息を弾ませながら1キロを走りきり、ちょっと休んでまた1キロを全力で走る——。こうした練習を1週間に1日だけでも行えば、脚ができると言いました。

これがマラソントレーニングの基本です。オリンピックで走るランナーも基本的にはやっていることは同じ。ここまで紹介してきたことは、初歩ではあっても立派なマラソンのトレーニングです。

そして、ここからは、「もっと脚をつくって、速く走れるようになる」ことをテーマにしていきます。手始めに10キロレースあたりへの出場を念頭に置き、60分以内で走れるようにはなりたいですね。そして、その先にはハーフマラソンへの出場まで見据えていきましょう。

そのために、より負荷をかけたトレーニングと、フォームのチェック、そして、練習日誌などによる自己管理などについて、この第2章では触れていきます。

1．負荷をかけたトレーニング

「全力走」＋「ジョギング」で負荷をかける発展形

まずは、「負荷をかけたトレーニング」について。負荷というのは、基本的に「脚と心肺の両方に負荷をかけること」。そのやり方を、まだ走り始めてから間もない人のレベルに合わせて紹介していきます。順番に次の4つのパターンに分けて見ていきましょう。

①「全力走」＋「ジョギング」＋「全力走」
②徐々にペースを上げて、最後は「全力走」
③長い距離を走る
④練習コースを工夫する

これら「負荷」をかけたトレーニングを週に1回は取り入れてほしいのです。毎日ゆっくり走るのではなく、1週間に1回は「脚つくり」の日を取り入れる。それがフルマラソンを完走できる脚つくりにつながっていきます。

では、まずは①「全力走」＋「ジョギング」＋「全力走」から。

これは第1章でやったものと同じなので要領は分かっているでしょう。内容を少しハードにした発展版を、10キロレース用の練習として図2－1に例をあげました。

「ジョギング（20分）＋全力（1キロ）＋ジョギング（10分）＋全力（1キロ）＋ジョギング（10分）＋全力（1キロ）＋ジョギング（10分）」

最初のジョギングはウォーミングアップをかねたもの。これを20分ぐらい軽く走ったら、いよいよ負荷をかけにいく。1キロ（ないしは7〜8分）の全力走を3本。間にはジョギング10分をはさんで呼吸を整える。最後のジョギング10分はクールダウンです。

ポイントは、出場レースが10キロという短いものなので、負荷をかける練習も短い距離で行っていることです。1キロの全力走を繰り返す練習で、10キロレースなら十分対応できます。これで練習時間は70分。走る距離は7〜10キロ。週1回やれば、ちゃんと脚は鍛えられます。

もちろん、「えぇー、まだここまではきついなぁ」という人は、少し緩めてもかまいませんよ。同じくらいの効果を上げる練習はいくらでもつくれます。

たとえば、こんなのではどうでしょう。

【図2-1】脚と心肺に「負荷」をかけた練習例①

■ **全力走を混ぜる**／時間:約70分　距離:7〜10km

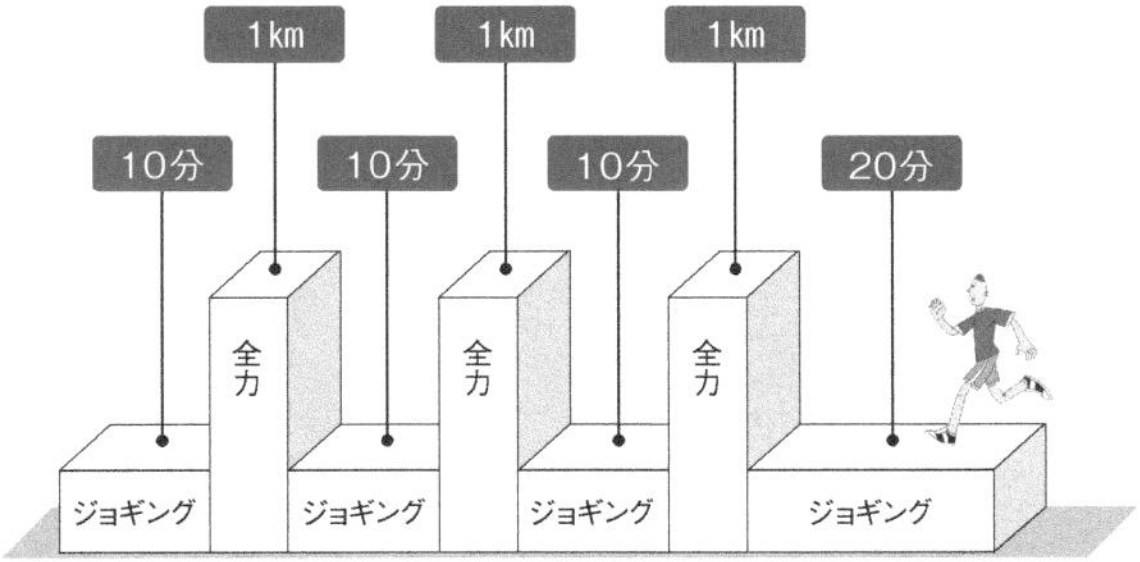

「全力（400メートル）＋ジョギング（200メートル）」×5〜10本。

これも、10キロレースを想定しているから400メートルという短い距離で設定したもの。市営グラウンドの陸上トラックなどの開放日にやってみるといいでしょう。ちなみに、陸上トラックはその多くが1周400メートルでつくられています。

有森裕子が現役のころは、陸上トラックを使って1万メートルを3本走っていました。これを、400メートルを25周で1万メートル。これを、間に10分の休みを入れて3本走ります。もちろん、すべて全力。有森であっても、これはきつい。でも、きつくないと練習にはならない。オリンピックでメダルを獲るくらいのアスリートになると、1回のトレーニングにかなりの負荷をかけないときつくならないので、それ相応の練習になるんです。

さすがに一般のランナーに同じことはできません。でも、やっているトレーニングのベースになるところは、アスリートであろうと一般のランナーであろうと同じ。要はかける負荷が違うだけで、自分にとってちゃんと負荷がかかっている、つまり「きつい」状態がつくれていればいいんです。

だから、自分の走力が上がってきたなと感じたら、練習の負荷も上げていく。スピードを身につけるためのトレーニングは、あくまでも筋肉や呼吸を追い込むことが大前提なので、いつまでも短い距離で満足せず、1キロの全力に慣れてきたら今度は2キロを全力で走る。あるいは、1キロを3本ではなく5本走る。そうした意識を持ちながら練習していくことが大切です。

繰り返しになりますが、こうしたトレーニングは週に1~2回でいいんです。毎日やる必要はない。練習のレベルをきつくし過ぎないようにすることは、途中で挫折しないコツ。精神的にあまり負担に感じないようにしてください。これはこの先で紹介するトレーニングにも共通して言えることです。

徐々にペースを上げて、最後は「全力走」

ここまでは、「全力＋ジョギング」を繰り返すトレーニングを紹介してきました。次のトレーニングは、「ジョギング↓全力」の形。走り出しのジョギングから徐々にスピードを上げていき、走り終わりのスピードが全力になっているものです。

このトレーニングのいいところは、忙しくて練習の時間がとれないという人でも、わずかな時間で効果を得られるところ。たとえば、最初はこんなふうに走ってみるといいでしょう。

①まず、最初はウォーミングアップを兼ねて10分ジョギング。
②10分が過ぎたら、少しペースを上げて5分走る。
③さらに5分が過ぎたら、また少しペースアップして5分。
④最後の5分は、呼吸がゼーゼー言うまで全力で追い込む。
⑤そして、自宅までゆっくり歩きながらクーリングダウン――。

だいたい30分という練習時間ですが、それでもしっかり負荷がかかったトレーニングになっています。

このトレーニングでも、大切なのは全力でしっかり追い込んでいること。トップアスリートも、よく取り入れている練習です。僕らがよくやるのは、コーチが声をかけて最初1キロを4分ペースなどで走らせておいて、次に「ハイ、10秒ペースアップ！」なんていうやり方。段階的に10秒ずつペースを上げていき、最後はもちろん「ハイ、ラスト！　全力――！」です。

これを一般ランナーの練習に取り入れたのが、図2－2にあげた例です。だいたいの感覚でいいので、2キロごとにペースをキロ10秒ぐらい上げていく。別にきっちり10秒上げなくてもいい。段階的に上げていき、最後が全力になればいいんです。

この例では、最後の全力を1キロ6分30秒ペースにしましたが、仮にこのペースで10キロ走ったら65分かかるスピードです。だから、そんなに速くない。もし、10キロレースを60分以内で走りたければ、練習ではそれ以上のペースで追い込みをかけなければいけません。最後の全力走は、少なくとも1キロ5分50秒などでは走りたいところです。

ここでは2キロごとに刻んでペースを上げましたが、もちろん1キロ刻みにしてもいい。ペースを上げるときの幅も、5秒ずつでも10秒ずつでもかまいません。自分の走力に合わせて設定します。

ただし、もし同じペースで一定の区間を走りきることができなければ、それはオーバー

【図2-2】脚と心肺に「負荷」をかけた練習例②

■全力走を混ぜる／時間:約70分　距離:7〜10km

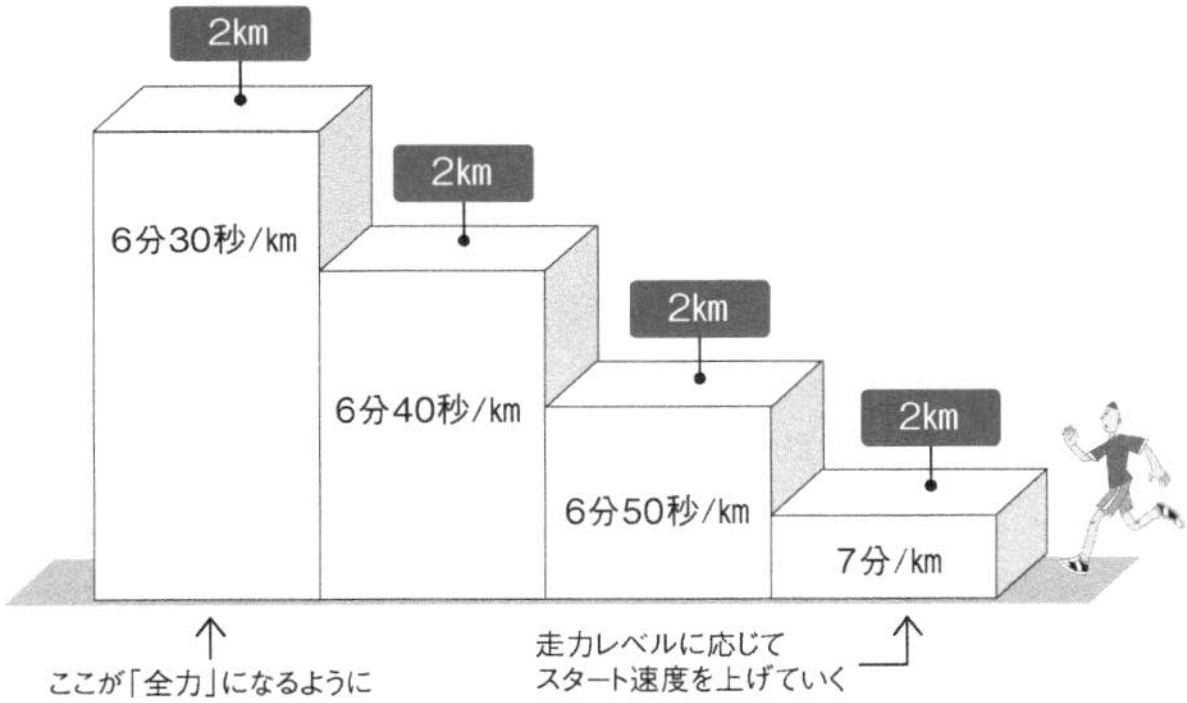
2km
6分30秒/km
2km
6分40秒/km
2km
6分50秒/km
2km
7分/km
ここが「全力」になるように
走力レベルに応じて
スタート速度を上げていく

ペース。また、逆にすんなり走れてしまうようではトレーニングの効果は半減します。呼吸がゼーゼー言うまで、ちゃんと最後まで追い込めるようにペースの設定を上げるようにしてください。

長い距離を走る

具体的に大会への出場を考え始めたら、少しレース用の練習もするといいでしょう。少なくともレースと同じ距離は走っておくこと。10キロのレースを控えている人なら、10キロは走っておきたいですね。

ただ、できれば大会の距離よりも少し長めに走っておくほうが練習にはなります。たとえば、10キロの大会に出場する予定があるなら、少し長めの12キロぐらい。あるいは15キロでもいい。これくらい走っておくと、体を距離に慣らしておくことができ、「完走できるかな?」という不安を解消します（図2－3）。

そして大切なのは、実際の大会を想定して走ること。自分の現時点での実力をはかる意味で、あまりゆっくりではなく、それなりに一生懸命に走ってみる。そうすれば、「このペースで走ると5キロまで来たら呼吸が乱れてくるな」「8キロで脚が疲れてくるな」「もうちょっと速く走っても大丈夫だな」という感覚が分かるので、それを覚えておく。こうした練習を積んでいくのが大切です。

また、もしも長い距離を走るのが苦手に思うなら、Qちゃんがやっていた例を参考にするといいでしょう。

彼女が、まだ大学生だったころ。大きな道路地図を部屋の壁に貼っていました。陸上部の練習が休みの日に、「今日は何号線を走って、どこそこまで行こう」と決めて、いつも3時間くらい走っていたそうです。知らない土地をわくわくした気持ちで走っているQちゃんの姿は容易に想像できます。そして帰ってくると、走った道を塗りつぶしていたんです。そうやって楽しみをつくって走るのもひとつの手でしょう。

【図2-3】脚と心肺に「負荷」をかけた練習例③

■ **距離を踏む**／時間:約120分　距離:10〜15km

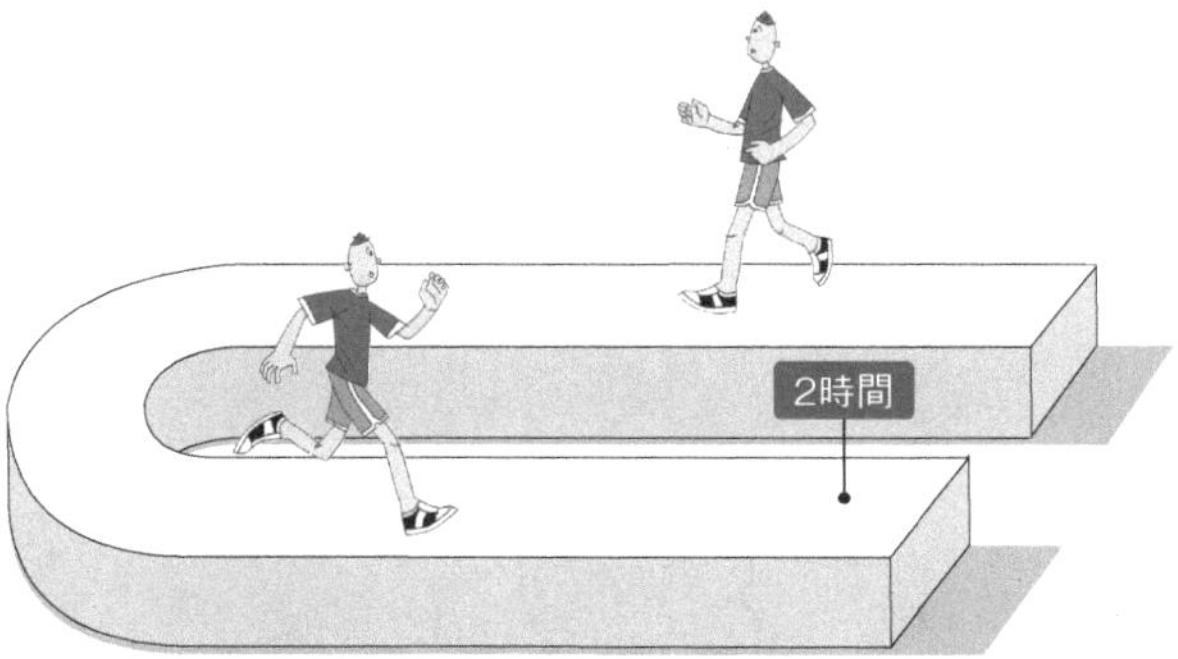

練習コースを工夫する

みなさんはいつも、どんなコースで練習しているでしょうか。負荷をかけるトレーニングは、練習コースをちょっと工夫するだけでも、自然とできるものです。毎日、平坦なコースばかりを走っていたのなら、少し考えてみてください。

佐倉アスリート倶楽部では、近くの地形を組み合わせて、７キロ、10キロ、12キロ、14キロ、16キロと数々のコースを持っています。朝はだいたいいつも同じで、12キロか14キロ。佐倉は起伏が多いところで、トレーニングには最適な地形をしているんです。

たとえば朝走る12キロのコースには、３００メートルほどの長くて緩やかな上り坂があり、また、一生懸命腕を振って走らないと上がれないような急勾配の上り坂もある。要するに、坂道だけでも変化に富んでいる。だから、このコースを走ればいやでも負荷がかかるんです。

平地ばかりで練習している人は、たまには上り坂があるところを走って、呼吸を追い込んでみてください。あるいは、街の舗装道路を走っている人は、歩道橋を利用してもいい。歩道橋の階段を一段ずつ早足で駆け上がると、脚の筋肉にかなりの負荷をかけることができます。歩道橋以外でも、公園の中にある階段や神社の階段を一気に駆け上がるのは、最高のトレーニングになります（図2－4）。

もちろん、いつものお気に入りのコースで練習を続けるのもいいでしょう。ただ、そうした場合は、ふだん何気なく通り過ぎている電信柱などを目標にして、ちょっとした「全力走」を取り入れてみる。たとえば、3本目の電信柱まで全力で走って、次にその先の2本目まで軽くジョギング。またペースを上げて、全力で3本目まで走るとか。僕は、よくこんな練習をしていました（ちなみに電信柱は30メートル間隔の場合が多いとのことです）。

そして、もうひとつ。練習コースのレパートリーとして、一般に開放している陸上トラックが近くにあれば、積極的に利用してください。距離がはっきりしているから、400

【図2-4】脚と心肺に「負荷」をかけた練習例④

■ **練習コースを工夫する**／時間:適宜　距離:適宜

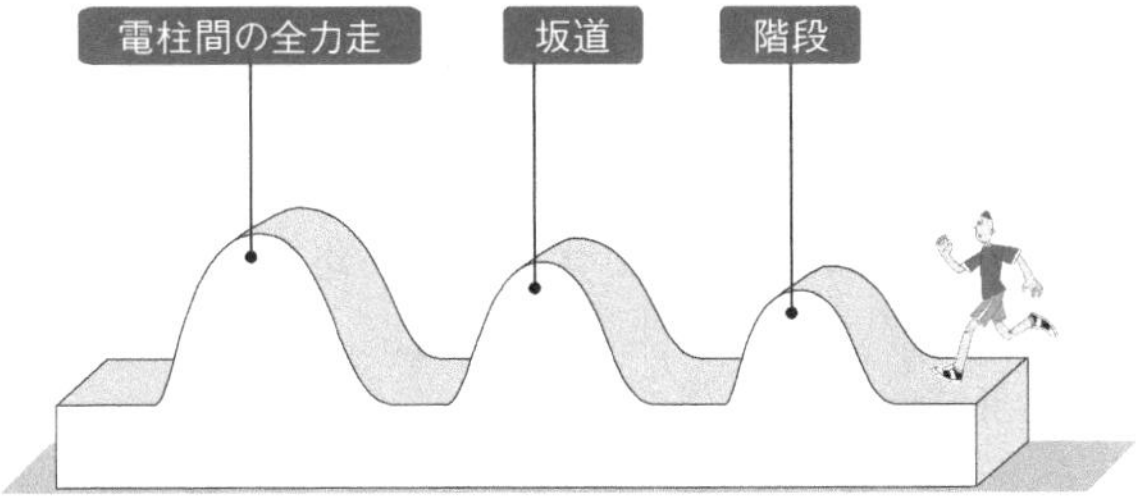

メートルを全力で10本走るなど、スピードをつけるためのトレーニングにはうってつけです。

　また、陸上トラックなら走力レベルの向上を確認することもできます。５キロなら５キロでもいいし、10キロでもかまいません。大会に出場したつもりで一度、タイムを計測しておくのにも使えます。１カ月に１回とか、２カ月に１回とか。練習を重ねながら定期的に利用して、また同じ距離を走ってみる。そうやって、ときどき自分の走力レベルを知っておくといい励みになるものです。

　最近は、個人でも利用できる市民グラウンドが増えました。イベントや団体の予約が入っていなければ、誰だって使用できます。しかも、料金も数百円からと手ごろな価格からあるので利用価値があります。あの国立競技場だって、個人にトラックを開放している日があるから、調べてみるといいでしょう。

1週間のスケジュール

以上のような負荷をかけたトレーニングを取り入れながら、1週間のスケジュールを立ててみてください。基本的なスケジュールの立て方は第1章で話したのと同じ。だいたい、以下のような形を取り上げました（33頁の図参照）。

・1週間に少なくても1〜2回は、負荷をかけた練習日を入れる。
・土曜日にそうした練習を入れたら、日曜日にはゆっくりでいいから少し長い距離を走る。
・そして、平日は月曜日にも走れるとなおいい。
・あとは、水曜日や木曜日にも少し走っておきたい——。

これは、仕事が忙しくて土日しか長い練習時間がとれない人の例でした。時間が許すなら、どんどん負荷をかけた練習を取り入れてかまいません。ただ、毎日毎日やっていたら持ちません。無理しない範囲でやってみてください。

繰り返しますが、無理は禁物ですよ。たとえば週末にも時間がなくて、いつも平日の早朝や会社の昼休みに20～30分だけ走っているような人は、けっして、その日の練習全体に負荷をかけるようなことはしないでください。そんなことをしたら仕事にも差しさわりが出るでしょう。いつものペースで20分くらい走って最後の10分だけ全力で走るとか、電信柱間の全力走を取り入れてみるとか、あるいは練習コースに上り坂を加えてみるとか。こんなちょっとした時間だけの負荷でもいいんです。毎日ゆっくり走るだけの練習にならないように、ゼーゼーと息をはずませる時間帯をつくる工夫するのが大切です。

基本的な考え方はひとつです。とにかく負荷をかけて走る練習を、１週間の中に取り入れること。ジョギングのためのジョギングに終わらせないことです。

２．フォーム

ピッチ走法とストライド走法

練習を積んで長い距離を走れるようになってくると、少しフォームが気になってくるものです。そんな人たちからよくよく聞かれるのが「ピッチ走法とストライド走法は、どちらがいいでしょう？」というもの。みなさん、いろいろ走り方の勉強も始めてくるので、気になることがいっぱい出てくるようです。

マラソンの走り方には、このピッチ走法とストライド走法があります。歩幅が小さく、脚をすばやく回転させる走り方がピッチ走法。対照的に、歩幅を広げて脚のバネを使って走るのがストライド走法です。

どちらの走り方がいいかと気にする必要はありません。僕が見てきた限り、ほとんどの一般ランナーは自然とピッチ走法になっています。ストライド走法に比べて、ピッチ走法は地面を強く蹴りません。着地の衝撃も小さく、ランニングを始めるときの基本のフォームとなります。

自分にとっての理想のフォームは、走り込んでいくことで自然と身についていくもの。自分が一番楽なストライド（歩幅）で走れば、それでいいんです。走れる脚になってきたら、無駄がそぎ落とされて、意識しなくても自然とストライドは広くなるものです。

僕はフォームについて質問を受けても、たいていは「気にしなくていいよ」と言いますが、それでももし、自分は他人よりも早い段階で疲れる、あるいはひざや腰に違和感があると感じるようなら、そのときはフォームや走り方を見直してみるのもひとつの手でしょう。原因がその中にあるのかもしれません。

そこでここでは、フォームや走り方について次の４点について基本的なことを記します。

①着地
②腕振り
③目線
④呼吸

気になる点があったら、参考にしてみるといいでしょう。

着地は一直線上に

人は、走っているときは通常、かかとのやや外側から着地して、親指の付け根あたりを主に使って地面を蹴り出します。

イラストを参考にするとわかりやすいでしょう（図２－５）。①～④の順に地面と接地していれば、それが自然な着地。多くの人が意識しなくても、そうなっていると思います。自然に足を回していれば、こうした着地でスムーズに体重移動ができているはずです。

ただ、着地の仕方も人によって千差万別で、なかにはつま先側から着地をする人もいます。でも、これだとアキレス腱やふくらはぎを痛めやすい。こういう人は、足の土踏まずの反りがクッションの役割を果たさず、着地の衝撃が上手く吸収できないので、故障につながることが多いのです。

長い距離を走るのであれば、やはりかかとから着地したほうが体のバランスも安定し、故障を防ぐこともできるでしょう。ただ、変に意識すると、かかとからドンッと地面にぶつけていく人がいるので、あくまで自然に。今の走りで故障や違和感がないのであれば、気にすることなく走るといいでしょう。

実はシューズのソールの減り具合を見るだけで、そのランナーがどんな着地と蹴り出しで走っているのか、その特徴がだいたいわかります。客観的に見ることが難しい自分のフォームの意外な癖が見えてくるものです。

イラスト（図2―5）でいうと、ほとんどの人が①のかかとの外側がすり減っているはずです。逆にかかとの内側が減っている人は、ふだんから内股気味になって歩いていることが想像できます。これは骨格のせいだから、直そうとしても難しい。変に意識するとギクシャクした走りになるので、気にしないでいきましょう。

実は、Qちゃんもいずれのパターンにもあてはまりませんでした。着地は①で同じでも、蹴り出しですり減っていたのは③のあたり。つまり、広い部分がすり減っていました。彼

【図2-5】「かかと」着地&「親指」蹴り出し

「着地①」から「蹴り出し④」までの足裏の体重移動の一般例。シューズの裏は①と④がすり減っている場合が多い。内股の人などは別になるので、あくまで参考

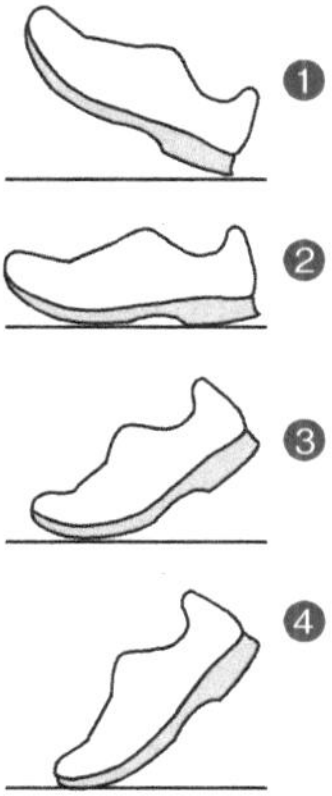

■右足のシューズの裏

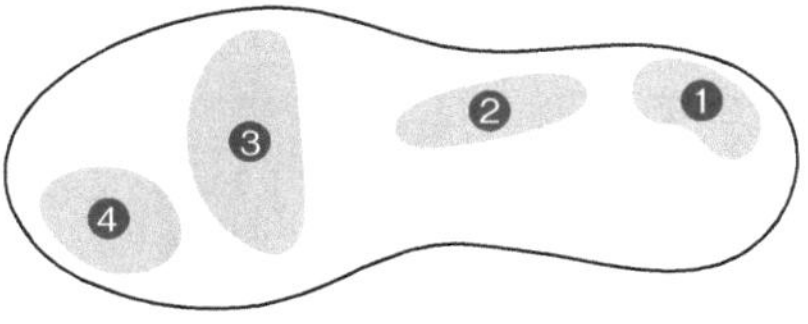

【図2-6】一直線上を進む足跡

スピードが乗ると腰の回転の関係でほぼ一直線上を走ることになる

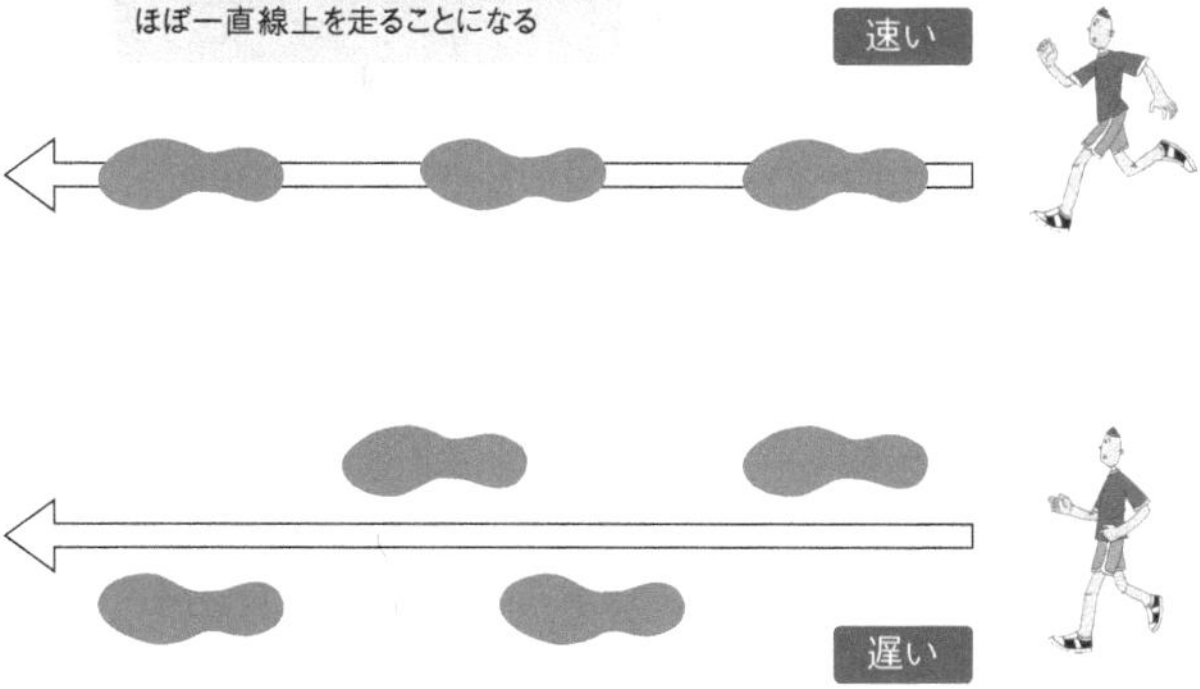

女は、足の裏を広く使って自然と力強いキックで地面を蹴っていたわけです。しかも、広い範囲を使って体を支えているため、蹴り出したときも安定感がある。足を地面の上を滑らせるようにすっと前に出すのが特徴で、脚の回転が速い。長い距離を走っても故障が少なかったのは、このへんに理由があったのでしょう。

ただ、この走り方をやろうとしても、鍛えていない人には真似できません。フォームは持って生まれた骨格によって決まるもの。一般のランナーは、自分の体に一番合った走りをすればいいでしょう。

もうひとつ、着地に関して補足しておくと、ランナーが走っている姿を正面から見ると、足の運びは一直線上を通っています。だから、足跡も一直線上に残る（図2－6）。なぜなら、それがストライドを最大限に伸ばすための、もっとも合理的な走り方だからです。

たとえば、右脚を前に出すときは、腰を回転させながら腰の右側を一緒に押し出します。すると、腰が前に出ているので、必然的に足を遠くに着けるようになる。要は腰をひねっている分、足跡は体のちょうど正面にきて、一直線上を走っているようになるのです。

もちろん、ゆっくり走っているときは両足の足跡は一直線上にはきません。腰がそこまで回転しないので、右足は右足で一直線上、左足は左足で一直線上を通ることになります。

【図2-7】「腕振り」は走りのリズム

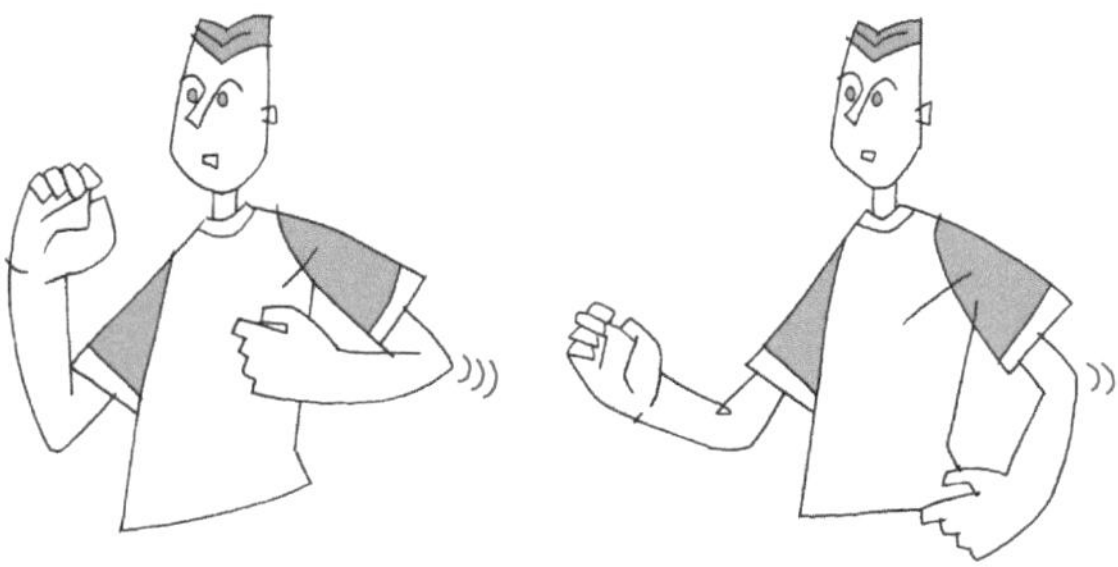
ピッチが速い走り
胸のあたりで小刻みに
振ることが多い
ゆっくりした走り
腰のあたりで
腕を振ることが多い

腕振りがピッチを上げる

腕の振り方についてもよく聞かれるので少しだけ触れておきましょう。基本的には自分の好きなように自由に振っていいんです。ただ、知っておいて損がないのは、ランナーは腕振りによって、走りのリズムを取っている場合が多いということ。上り坂などは顕著で、しっかり腕を振れば、足の運びもしっかりするわけです。

これを平地の走りでいうと、リラックスしてゆっくり走っているときは、手を腰のあたりで振っています（図２―７）。ひじを曲げてつくる腕の角度が大きく、極端にいえば、腕がダランと下に伸びたまま走っているほど、リラックスして走っているものです。逆にピッチ（足の回転）を上げて走るときは、そうはいきません。腕振りも小刻みにリズムをとる必要があり、ひじの角度を小さくして手を胸の前あたりで小さく速く振る。つまり、速い小刻みな腕振りができると、自然とピッチも速くなります。

Qちゃんの走りを思い出してもらえればわかるでしょう。腕をコンパクトにたたんで、ひじでリズムをとるようにしていました。手を胸の前あたりでクルクルと回すようにしていたのが、彼女の腕振りの特徴です。

あれはQちゃんのピッチがあまりにも速いから。ふつうに前後に振っていたら、ピッチに腕振りがついていきません。「振る」よりも「回す」ほうがリズムは速くできるので、彼女の腕振りは実に理想的だったのです。

目線は3メートル先へ

「どこを見ながら走ればいいですか？」という質問も、僕のもとには数多く寄せられます。普段ひとりで走っている練習では気にならなくても、競争相手と一緒に走る試合を経験すると気になってくることです。

佐倉アスリート倶楽部の選手には「試合のときは3メートルか、すぐ近くを見るように」と言っています。

その理由は、３～５メートル先を見ると、あごが上がらないから。逆に遠くばかりを見ていると、疲れたときにあごが上がって腰が落ちてしまう。フォーム全体に乱れが生じて、ストライドも短くなります。

一般のランナーなら、大会に出たときに前を走っている人のかかとや背中を見るといいでしょう。それが、ちょうど理想的な目線の高さ。だいたい３～５メートル先に目線を落とすことになります。

実は、走っている途中で苦しくなったときに、下を見るのも疲労を早く回復するコツです。体の中でも頭は重い部位なので、目線を下げることによって体が自然と前に進むんです。応急処置ですが、意外と使えるので覚えておくといいでしょう。

目線よりもむしろ僕が一般のランナーを見ていて気になるのは、頭を左右に揺らしながら走っている人がいることです。目線がキョロキョロしているわけではないけど、頭はまっすぐに構えたほうがいい。ちょっと意識してあごを引くくらいにしたほうが頭も安定します。

呼吸は「吐く」を意識する

人は日常生活の中で自然に呼吸をしています。リズムを意識しながら、息を吸ったり吐いたりしている人はいません。ソファでくつろいでいるときは呼吸もゆっくりだし、逆に駅の階段を駆け上がったら誰でも息を切らすもの。人間の体は無意識のうちに、必要なリズムで呼吸をしてくれます。

マラソンの指導書などには「鼻で吸って、口から吐く」と書かれていることがありますが、それほど気にしなくてもいいでしょう。確かにそういう呼吸の仕方で走っているランナーも、いるにはいます。でも、それがすべての人にとって理想的かといえばそうではありません。

昔は僕も、学校の先生から教わっていました。「スーッ、スーッ、ハーッ、ハーッ」と、鼻から2回吸って、口から2回吐くんだと。でも、鼻の穴は口よりも小さいから、たくさんの空気なんて吸えません。自分が息を吸ったり吐いたりしやすいように、口をちょっと開いて呼吸をすればいいのです。

僕がよく言うのは、「犬だって走るときは口を開いているんだから、人だってそれでいい」ということ。動物にたとえるのも妙だけれど、やっぱりたくさん酸素が欲しければ、口を開くのが自然だと思うのです。

あと、ひとつ覚えておくと便利なのは、空気をたくさん吸いたいときは、吐くことを意識すると吸いやすくなります。ランニング中に体内でたくさんの酸素を欲しているのに、どうしても空気が吸えないときがあります。疲れてきたときですね。そんなときは、逆に吐いてみましょう。苦しいと思ったら、「ハーッ」と力強く吐き出す。そうすれば肺には新しい空気がたくさん入っていきます。これも、レース中に結構使えるものです。

3．自己管理

食事で体重を管理する

マラソンランナーにとっては、食事も練習の一環です。それくらい大切なもの。佐倉アスリート倶楽部では、動物性たんぱく質、植物性たんぱく質、鉄分を多く含んだ食材や、緑の野菜、赤い野菜、黄色い野菜が毎回の食卓に並び、「信号の色の野菜」と呼んで栄養のバランスが偏らないようにしています。

ランナーが特に気にしているのがカロリーでしょう。体は軽いほうが走りやすいですから。ただ、気をつけてほしいのは、食事は「減らす」というよりも、「工夫する」という意識を持つことが大切です。

手はじめに、ふだん食べているもののカロリーがどれだけあるのかを知っておくといいでしょう。たとえば、卵がひとつ90キロカロリー、ご飯が茶碗一杯で160キロカロリー、ラーメンなら少なくとも450キロカロリーはある。これくらいは、僕も頭の中に入っています。そうやって頭の中でカロリーを計算することがあるんですね。

だいたい、30~50歳くらいまでの男性ランナーなら1日に必要なエネルギー量は2000~2500キロカロリーくらい。身長、体重、それに練習量でも変わるので一概には言えませんが、目安としてこれくらい。

そして、朝ごはんから、昼、夜と食事がある中で、どこかで「ラーメン食べても大丈夫かなー?」なんて考えるときに、ちょっと計算したりするんです。

あまり一般ランナーがガチガチに計算するのは、生活に余裕がなくなるのですすめませんが、ちょっとした節制のきっかけになればいいのではないでしょうか。体重を管理することは、走りやすい体を管理することにつながりますから。

インターネットや本で調べると、いろいろな料理別のカロリーや、自分の体重、身長で計算した必要カロリー量が分かるので利用してみるといいでしょう。

脈拍で練習量を調節する

体調の変化を知る上で、非常に参考になるのが脈拍数です。うちの倶楽部でも、毎朝、すべての選手が必ずチェックしています。

測るのは目が覚めたときがいいでしょう。体を起こしてしまうと脈拍は自然と上がるので、布団から出る前に寝たままの姿勢で1分間、測ります。20秒でもいい。回数を３倍にすればいいだけです。

脈拍数は個人差があるから、毎日測ることによって、自分の体調を知ることが大切です。脈拍の回数がいつもより多いときは、疲れのサイン。距離を減らすとか、スピードを緩めるなどして、練習量を少し落としたほうがいいでしょう。

また、脈拍数は、体調の把握と同時に、練習の強度をチェックする役割も果たしてくれます。つまり、脈拍数によって、どれだけ自分を追い込めたかを知ることができ、練習の強度を調整することができるのです。

一般のランナーなら、走り終わった直後のまだ息が整わないうちに、1分間の脈拍数を測ります。脈拍数が上がっているほど、呼吸を追い込めている証拠。心肺機能が順調に高まっているので、そのまま練習を重ねていけば、同じタイムで走っていても、疲労はぐっと軽減できます。

そして初心者には、自分に適したペースを知るために目安となる脈拍数の計算式があります。

「138－（年齢÷2）＝目標脈拍数」。

この公式で出た目標脈拍数が、いわゆる「おしゃべりしながら走れるペース」の目安。ゆっくりとした、いわゆるジョギングのペースの目安です。

30歳の人なら123回、50歳の人なら113回。これくらいの脈拍数を維持しておけば、長い距離のジョギングも苦にはならないでしょう。逆に、ウォーキング程度で脈拍数がここまで高くなる人は、まだ、トレーニングで負荷をかけすぎないほうがいいと思います。焦らずに、ウォーキングで心肺機能を高めるようにしてください。

実はアスリートの脈拍数が遅いことを知っていますか。

Qちゃんが現役のころは、平常時で1分間35回でした。人間の平均が成人で60～70回といわれているので、これはとても低い数字です。心臓は筋肉でできているから、脈拍数が少ないということは、それだけ1回で血液を押し出す力が強いことを意味しています。日ごろから呼吸を追い込んで心肺機能を高めると、脈拍数はどんどん下がっていくものなんです。

僕の脈拍数も学生のときは30回前後でした。当時は、スピード練習で「もうこれ以上は我慢できない」というくらいまで追い込んでいました。それでここまで脈拍数が減ったんです。

たとえば、1キロを全力で走り、２００メートルのジョギングで少し休んでまた1キロを全力で走る練習を立て続けに10本。あるいは、４００メートルを全力で走って、１００メートルを軽くジョギング。それを20～30本も繰り返したり。これだけやれば、腹がねじれるくらい心肺機能を高められます。20代の若さがあったからできたことですが……。

一度、Qちゃんの心臓の機能を調べてもらったことがあります。スポーツ心臓といって心臓が大きくなる場合があるんです。ところが、意外とQちゃんの心臓は一般の人と変わりませんでした。医者が「ふつうの人と同じだなあ」と驚いていたくらいです。それだけ、心臓の機能が一般の人よりも優れていたということでしょう。

【図2-8】練習日誌の例

20xx年 11月 7日　土曜日　天気：晴れ　気温：15℃

体重：61kg　脈拍：60回／分　体調：良・普・やや悪

練習時間：AM/PM 7時 15分 ～ AM/PM 8時 30分（計 75分）

練習距離：10 km　（週間累計：15 km／月間累計：15 km）

メニュー：自宅～公園～公園内コース周～公民館前～自宅
公園の中でインターバル走。
10分全力＋5分ジョッグ×3回。

感想：感じていた脚の違和感はなくなり快調。

ノートの半分にこれくらいの項目を記入。あまり項目が多いと書くのが面倒になる

練習日誌をつける

練習日誌はみなさんにも、ぜひ、つけてほしい習慣です。佐倉アスリート倶楽部でも、全員がつけています。僕も昔は必ずつけていました。いつどんなトレーニングをしたか、脈拍はどうだったか、体重は何キロか……あらゆることをつぶさに記録しています。

練習日誌は、自分で練習方法を開拓するために役立てるものです。たとえば、走った距離を毎日、記録しておくだけでも、月末になったら月間走行距離を計算して、自分の進歩を確かめることができる。なにも記録を取らないで、「今月はたくさん走ったなあ」と、満足だけしていてはいけません。

ひとつの例として、週に3日、走ることが

できたとします。走った距離と時間、それから脈拍数を書いておけば、どの1日の練習メニューがよかったのかが分かる。週末に長い距離を走った練習がよかったのか、週の真ん中に流す程度で走った練習がよかったのか。どんな練習をすれば自分は調子が上がったのか、なにをしたら疲れが取れやすいのか。

「負荷をかけて追い込んだ次の日に、1時間半のジョギングをした。そうすると、さらに次の日は疲労がずいぶん軽減されていた」

このように、気づいたことをメモ代わりに書きとどめておく。練習の成果を忘れないためにも、記録として書き残しておくことがとても大切なんです。

「日誌」というと、たくさん文章を書くように思うかもしれないので、ちょっとした例をあげておきます（図2－8）。これくらいの短いものでいい。必要なことだけに絞って書くようにしないと、長続きしません。

要は書き続けること。

それには、練習日誌を書くことで、ランニングをより楽しむことです。自分の上達を感じながら書くのは楽しいし、ときには日誌を振り返って、新しい練習を考えるきっかけにするといいでしょう。

第3章　レース出場に向けた練習メニューづくり

――「長い距離」を走りぬくために

ここからは、具体的な大会への出場をイメージしながら話を進めていきます。

一般のランナーが大会への出場を決めたときに悩むのが、「これからレース当日まで、どんなトレーニングをしたらいいのか」というトレーニングメニューの組み方です。特にフルマラソンをめざすような場合、「毎日同じ練習でいいのか」「距離もたくさん走らなければいけないのではないか」等々、少し考えてしまうのではないでしょうか。

この第3章では、そうした長い距離のレースにも対応できる脚と心肺をつくるためのメニューづくりを紹介していきます。10キロ、ハーフマラソンのレース出場をより現実的に見据え、さらに将来のフルマラソン出場も手の届くところに引き寄せるような練習メニュー。しかも、自分の生活リズムに合ったメニューの組み方です。

一般ランナーは長い距離のレースに出場するからといって、練習にも長い時間をかけられるものではないでしょう。より効率的に、効果的に鍛えるトレーニングの種類を数多く知り、自分の生活に合わせた練習メニューを自分で組めるようになるのが、一番です。仕事の忙しさや、他の予定の多さに応じて練習内容を組み替えられれば、ランニングも楽しく計画的に行えます。

前半は、そうした効率的な練習の代表格「スピード練習」の全体像とその活用の仕方を説明し、後半ではその「スピード練習」を取り入れた1週間の練習スケジュールの具体的な立て方を紹介していきます。

1．スピードトレーニング

短い時間でも練習はできる

一般のアマチュアランナーに練習メニューを提供するとき、気をつけていることがあります。それは、「この人は、どれくらい練習時間が取れるのか」を知ること。走ることが生活に密着しているプロのランナーと違って、一般のランナーは仕事や学業などと掛け持ちで練習しているから当たり前のことです。

そして、多くの人にはあまり練習時間がありません。毎日、早朝に1時間くらいジョギングしてから会社に行っている人もいれば、夜、30〜40分走っている人もいる。なかには、「会社の昼休みに練習をしているのですが、走る時間が30分しかありません。どうすれば効果的な練習ができますか？」という人もいます。

僕の若いころもそうでした。今思い出しても、少ない時間の中で本当によく練習していたものです。

昭和34年（1959年）ごろの話です。高校を卒業した僕は、東京駅の近くでアルバイトをしていました。理由は大学に入るお金を貯めるためです。なぜ大学に行きたかったのかというと、「箱根駅伝を走りたい」という夢があったから。だから、いくらアルバイトが忙しいといっても、陸上のトレーニングを欠かすことはできませんでした。なんとか走るための時間を捻出しなければいけないと考えていたんです。

そのため、1時間の昼休みを利用することにしました。ランニングシャツとパンツをあらかじめ用意しておいて、午前の仕事が終わったらパッと着替えて外に出る。

いつも足を運んでいたのは、東京駅の正面をまっすぐ行ったところにある皇居の広場でした。今のように周回コースがなかったので、芝生の上を行ったり来たりして走ります。時間がないから軽く10分くらい走ったあとに、全力で30分くらい走って呼吸を追い込む。それが終わったらパッと着替えてまた仕事に戻る。毎日、そんな練習をしていました。

おかげで10マイル（16キロ）のレースに出たら、けっこういい成績が出たんです。短い時間の中でも、負荷をかけていたから効果的な練習ができていたんですね。

もちろん、皇居前の芝生には、昔から「芝生の中に入らないで」って書いてありました。

だから、警官に見つかって怒られたり、その前に逃げ出したり。今思えばまだのんびりしていた時代だったので、そんな中でも練習を続けられたのでしょう。

とにかく大学に入って箱根駅伝に出るのが夢でしたから、どれだけ忙しくても、走ることがつらいなんて思ったことはありませんでした。どこに行くのにも、一年中、ランニングシューズを持っていて、10分や20分の時間があれば、パッと着替えてすぐに外に走り出していたのです。

ここで僕が言いたいのは、時間がなくてもトレーニングはできるということです。昼休みに30分でも時間が取れるのなら、十分に効果的な練習はできます。要は時間がないのであれば、30分の中でできる練習を考えることです。その中に、「負荷をかけた」練習を組み込めば、より効果がアップすることはいうまでもありません。

それに、なにもランニングシューズで走ることだけがトレーニングのすべてではありません。サラリーマンなら帰宅のときに1駅多めに歩けばいい。2駅分も歩けば、30分くらいにはなるでしょう。最初の1駅はゆっくり歩き、次の自宅に近い駅までは早足歩き。たとえ短い時間であっても、スピードに変化をつければ脚に筋肉はつきます。これをするだけでも、なにもしないで一日を過ごしているよりは、体の変化が目に見えて分かるようになり、本格的なマラソンのトレーニングにもスムーズに移行することができるのです。

スピード練習の全体像

皇居前の芝生で僕がやっていたような「全力走」を、スピード練習といいます。ここまで「脚をつくるトレーニング」や「脚と心肺に負荷をかけるトレーニング」として紹介してきたものと同じ。短い時間や短い距離で、効果的に負荷をかけて鍛えられるのがスピード練習の特徴です。

実はここまで、「スピード練習」という言葉をあえて使わないようにしてきました。その理由は、スピード練習というと「苦しい」トレーニングというイメージが先行し、初心者の中には抵抗を感じる人がいると思ったからです。でも、ここからは本格的に話していきます。

たとえば第1章で紹介した「1キロ（全力）＋5分（ゆっくり）＋1キロ（全力）」も立派なスピード練習の一種です。最初の1キロを全力で走って脚と心肺に負荷をかけ、次の5分で呼吸を整える。さらに体が完全に回復する前にまた全力で走り、呼吸を追い込む。何本も繰り返すことで、強い脚と心肺機能をつくっていく練習でした。

この練習方法は、スピード練習の中でも「インターバル走」と呼ばれています。休みの時間（インターバル）を間にはさんで追い込んでいく練習。トップアスリートも取り入れている、心肺と脚に効果的に負荷をかけられる代表的な練習方法です。

ここでは、こうした第1章と第2章で登場した内容の復習も兼ねて、スピード練習の全体像をまず見ていきます。どんなトレーニング方法があるのか、その全体をつかんでおけば、状況に応じて自分に合った練習メニューを組めるようになるでしょう。

僕が、スピード練習としてメニューづくりによく使っているのは、だいたい次の4つです。

①インターバル走
②レペティション
③ビルドアップ走
④ペース走

いずれのトレーニングも「全力」というのがキーワード。①〜③は「全力走」というスピード上の「全力」。④は同じスピードでも、レースペースという「全力」です。

いずれもポイントとなるのは、呼吸を追い込むこと。それから、脚に刺激が加わっていることが、実感として理解できることです。それぞれの練習の具体的な内容をつかんで、自分なりのメニューづくりに生かせるようになってください。このあと、それぞれ説明していきます。

インターバル走

スピード練習の柱となるトレーニングで、もっとも一般的に知られているのがこのインターバル走です。一定の距離を全力で走ることを、間にジョギングなどをはさみながら繰り返し行うもの。心肺にも脚にも大きな負荷がかかります。

このインターバル走を有名にしたのは、なんといってもチェコスロバキア（当時）の英雄エミール・ザトペックでしょう。1952年のヘルシンキオリンピックで5000メートル、1万メートル、マラソンの長距離3種目を制した鉄人です。顔をゆがめ、喘ぎながら走るその姿から「人間機関車」と呼ばれていたと聞けば、知っている人も多いのではないでしょうか。

彼のインターバル走は想像を絶します。参考までに例をあげておくと、「400メートルの全力走＋200メートルのジョギング」――これを実に100本近くも行っていたそ

[図3-1] スピードトレーニングの種類

■インターバル走
「全力走」と「全力走」の間に「ジョギング」をはさむことで、断続的に負荷をかけ続けられるトレーニング

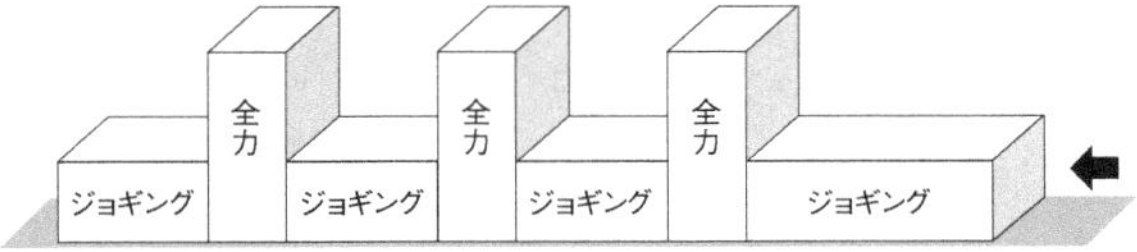

■レペティション
インターバル走での「ジョギング」を「休憩」に代えたトレーニング

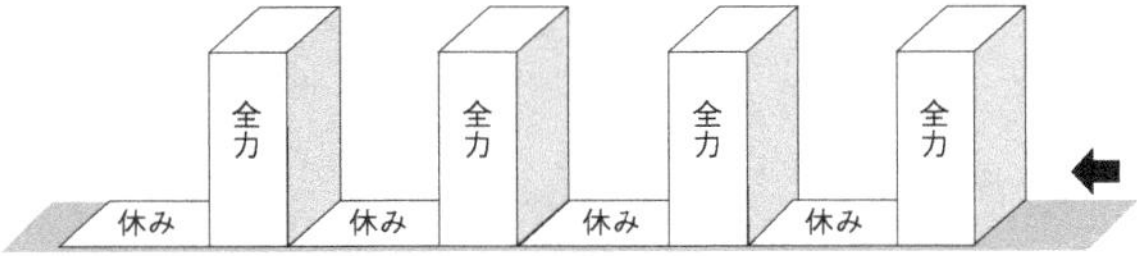

■ビルドアップ走
走行スピードを徐々に上げていくトレーニング。最終的には「全力での1km」など決まった距離の「全力走」をおき、心肺と脚を追い込む

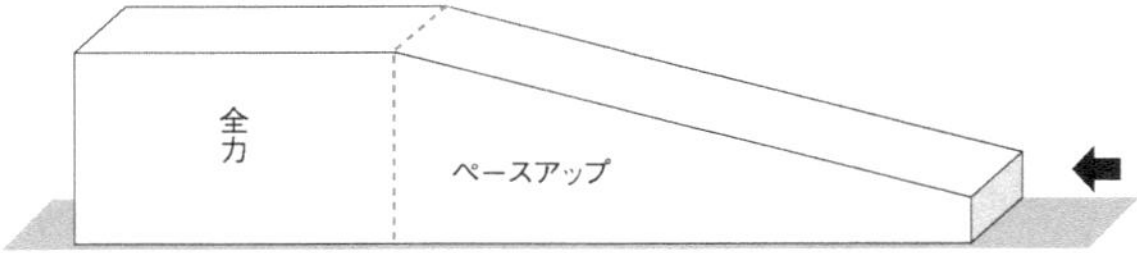

■ペース走
出場するレースに備えて、レースペースで走るトレーニング。本番の半分の距離などを同じペースで走りきって、体に目標ペースを刻み込む

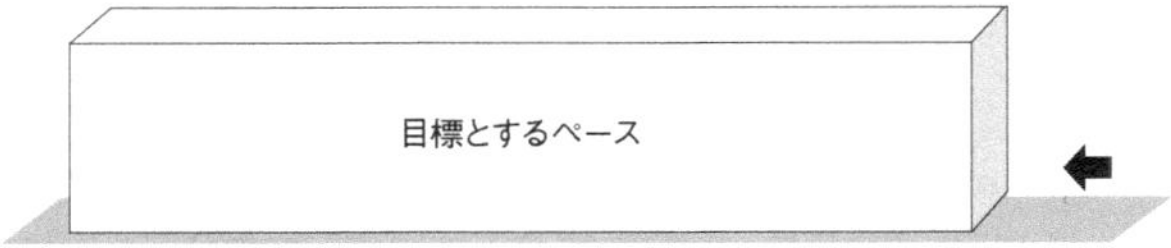

うです。全部走りきったら60キロ。気の遠くなる話です。

もちろん一般ランナーがここまでする必要はありません。代わりに2つほど例をあげておきます。

ひとつは、10キロレースを60分以内で走るか、もしくはハーフマラソンに挑戦するためのインターバル走の例。いずれも、だいたい30分くらいの練習時間です。

「1キロ（全力）＋200メートル（ジョギング）」×3本。

「400メートル（全力）＋200メートル（ジョギング）」×5～10本。

さすがに400メートルを10本も走るのはかなりきついので、最初の3～5本は「全力」の7割程度の力で走っておき、ある程度の余力を後半に残しておく。そのうえで、残りは力を出し切るつもりで「全力」で走るなどすればいいでしょう。

次に、フルマラソンへの出場をめざす場合のインターバル走の例。次の3つのうち、どれでもかまいません。だいたい60分くらいでできるものばかりです。

「1キロ（全力）＋ジョギング2分」×5本。

「2キロ（全力）＋2～3分歩き」×3本。

「3キロ（全力）＋2～3分歩き」×2本。

余力と時間があれば、本数を増やしてトレーニングの強度を上げます。５本を７本、２本を４本に。もちろん、本数が増えれば最後の１、２本が体力的に厳しくなり、それだけ追い込めることになる。逆に10本を楽に走れるようなら、そのペースは遅すぎ。速くて持久力のあるランナーになるためにも、より「全力」に近いペースまでスピードを上げる必要があります。

このように、インターバル走は自分で距離や時間をいろいろ組み合わせられることが特徴です。それこそ芝生の上で僕が走っていたように、平地でただゼーゼーと言って走り込むだけというようなオリジナルがいくらでもつくれる。普段の練習途中でも、電信柱間をちょっと全力で走るなど、思いついたところで追い込みを加えていくのが、脚や心肺を鍛えるのには効果的なのです。

坂道インターバル走

インターバル走を使った練習で、もっとも短時間で効果的に負荷をかけられる方法が、坂道インターバル走です（図３－２）。坂道はふつうに走るだけでも負荷がかかるもの。そのため、同じ距離を走るのでも、平坦なコースより何倍も脚と呼吸を追い込めます。

近所で100メートル以上ある手ごろな坂道を探してください。この際、傾斜角度は気にしません。ダラダラとゆるい坂道でも長ければOK。逆に短くても傾斜がきつければ十分使えます。

坂道インターバル走では、この坂道だけで練習をします。ほかの場所は走りません。だから短時間でパッパッとできる。「仕事が忙しかったけれど、今日は30分走れる時間ができた」とか、「今週は追い込んでいないから、ちょっとがんばろうかな」とか、そんなときに利用できます。

やり方は簡単です。坂の下がスタート地点。まずは、上りを「全力」で走る。そして、坂を上りきったらUターンして「ジョギング」で下りてくる。これで1セット。坂を下りきってスタート地点に戻ったら、休むことなくまた「全力」で上っていく……。

この上り下りを、自分の走力に合わせて繰り返します。正直言って、かなりきつい。100メートルの坂なら10本、200メートル以上の坂なら5〜10本程度。それくらいが、効果的に筋肉を鍛える本数の目安でしょう。

このトレーニングは、実に効率的にできています。上り坂では脚を使って体を持ち上げるため、強いキックを生み出す脚力が身についていく。呼吸も追い込めるので、心肺機能

[図3-2] 坂道インターバル走

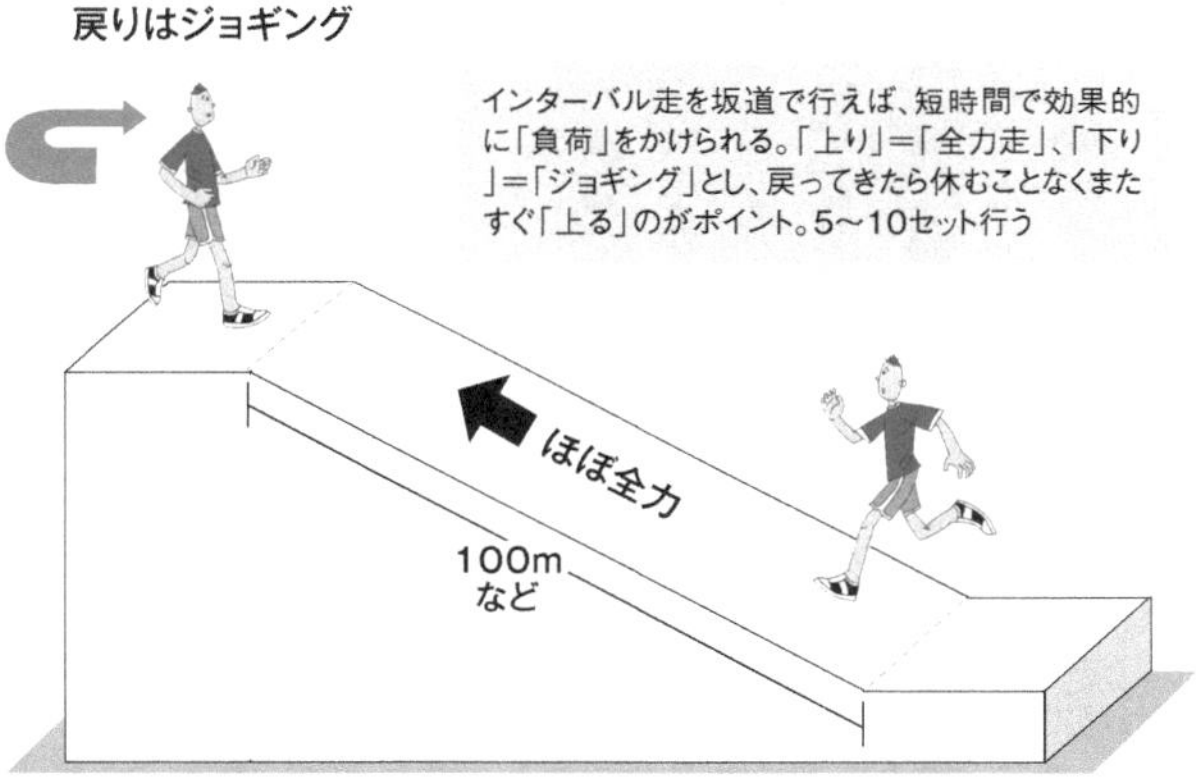
戻りはジョギング
インターバル走を坂道で行えば、短時間で効果的に「負荷」をかけられる。「上り」=「全力走」、「下り」=「ジョギング」とし、戻ってきたら休むことなくまたすぐ「上る」のがポイント。5〜10セット行う
ほぼ全力
100m
など

の向上にも効果がある。さらに、下り坂はゆっくり走っていても、着地衝撃に耐えるときに太もも前部の筋肉に大きな負荷がかかるので、ここでも脚を鍛えられます。

これらの効果を頭に置いて、鍛えられている自分を意識しながらがんばってください。ゼーゼー言いながら追い込み続ける。きつい練習だからこそ、手を抜くことなく、短時間で十分に追い込むことが大切です。そうしないと、効果がないので、くれぐれも。

もし、あまりにも体力が追いつかなければ、慣れるまでは、下りは歩いてもいいでしょう。自分なりのペースを探して追い込むこと。これを心がけると、いいオリジナルの練習ができます。

レペティション

インターバル走とよく似た練習に、レペティションというトレーニングがあります。略して「レペ」と呼ばれています。

間をジョギングなどの不完全な休憩でつなぐインターバル走に対して、レペは完全な休憩を取ります。それが一番の違い。その場で立ち止まったり、座り込んだりして、呼吸と心拍数をしっかり落とす。そして、少し楽になった時点からまた全力で走ります。

一般のランナーはインターバル走よりもレペのほうが好きな人が多いようです。トラックを使った講習会などで見ていると、十分な休息で一回スイッチを切って、リフレッシュした形をとってからまたスイッチを入れたほうが、やりやすいみたいです。

レペも、やり方によっていろいろ楽しみながらできます。

たとえば、公園に1キロの周回コースがあるとします。それを1周全力で走って、10分くらい止まって休息します。呼吸を整えることができたら、また1キロを全力で走る。短い距離でやるなら、400メートルを5本くらい走ることもできるでしょう。呼吸を追い込むという意味では、インターバル走もレペもどちらも効果があります。

Qちゃんはアメリカで合宿をしているとき、道路を使ってこんな練習をしていました。

はじめに1マイル（1・6キロ）を全力で走ります。その後2〜3分、その場で歩きながら休息を入れます。呼吸が整ったらまた全力で1マイル。これを10本くらいやっていました。

さすがにふだん鍛えていない人は10本も走ることはできません。一般のランナーなら3本もできれば上出来。5本もできればかなり鍛えることができます。

ビルドアップ走

走りはじめから徐々にスピードを上げていくのが、ビルドアップ走です。第2章で取り上げた「ジョギング→全力」の形。徐々にペースを上げて、最後は「全力」で走るのが特徴になります。

だから、ふだん5キロ走っているというような人は、最初はウォーミングアップのつもりでゆっくりめに走り、途中からいつものスピードで走ったあと、後半を徐々にスピードを上げていく形にするのが、一番やりやすいでしょう。最後の1〜2キロはしっかり全力で走る形です。

僕はよく練習中にこんな指示を出します。

「今日は、10キロ。ただし、後半はビルドアップ走でしっかり追い込んで」――。

スピードの上げ具合は、走る本人の感覚次第。最後の全力に向けて、徐々に上げていく。これなら一般ランナーでもすぐに練習に取り入れられます。走る前でも走っている途中でも、「最後の2キロはビルドアップにしよう」と決めておけばいいだけ。今日からでも試してみてください。

一方、ある程度、タイムの段階を決めて上げていくやり方もあります。

2009年夏のベルリン世界選手権で1万メートルに出場した佐伯《さはく》由香里も、アメリカの合宿でこのビルドアップ走をやっていました。佐伯はクラブの中でも急速に成長した選手で、世界選手権では142センチの小さな体で一躍有名になったといえばご存知の人もいるのではないでしょうか。

合宿所の近くには1周が8・3キロの沼があり、佐伯にはそこを4周走らせたのです。1周目はゆっくり、2周目は少し速く走って、3周目でもう少し速く走る。最後の4周目は全力です。そうするとトータルで33キロ。こうやって心肺と脚を鍛えてから帰国後に日本選手権の1万メートルに出場して、タイムは自己ベスト、成績も2位となって、世界選手権の初切符も手にしたのです。

この佐伯の例は、距離を８・３キロ単位で区切ってスピードを段階的に上げていったもの。これをみなさんが普段の練習に取り入れるのであれば、「今日は５キロ走るから、１キロずつ５秒ペースを上げていこう」などのように利用できます。もちろん、お気に入りの周回コースがあれば、何周かごとにペースを上げるのでもいいでしょう。

こうやって、走る場所を一定にしたり、数字を決めて走った場合は、練習日誌に記録しておくと、自分の練習内容を振り返ったときに上達具合を客観視するのに役立ちます。

ペース走

たとえば、10キロの大会に出場したとき、何分を目標に走りますか？　仮に55分としておきましょう。すると、１キロあたりの平均タイムは５分30秒になります。つまり、これがあなたにとってのレースペース。このペースを実際に練習で走ることで体に覚えこませるのが、ペース走というトレーニングです。

ペース走には、２つの考えかたがあります。設定するペースが自分の実力に対して「ちょっと速い場合」と、「適当な場合」の２つ。前述の10キロを55分で走る５分30秒ペースを例にして、違いを説明していきましょう。

まず、目標ペースが実力に対してちょっと速い場合。

実力を超えたペースなので、10キロを通して5分30秒ペースで走りきるような練習はできません。こうした場合は、距離を割って考えます。たとえば、10キロを5回に割って2キロずつペース走で練習する。2キロを11分で走って休憩し、また2キロを11分で走って休憩する……。つまり、インターバル走やレペのやり方で、1キロ5分30秒のペースを体に入れていく。5回走らなくても、3回でもいい。体にペースが入るように繰り返していきます。

ほかにも、いつものランニングで最後の1～2キロだけをレースペースにまでスピードを上げて走る方法もあります。これはいわば、ビルドアップ走のやり方。こうやって、短い距離を走ることでペースを体に入れていくのが、「目標ペースがちょっと速い場合」のペース走です。

次に、目標ペースが適当な場合。

これは、実力に合ったペースなので、1キロ5分30秒ペースで長い距離を走ります。10キロの大会なら、少なくとも3～5キロは走っておく。こうすることで、しっかりペースが体に刻み込まれます。ハーフマラソンなら7～10キロ。フルマラソンをめざすなら10～

20キロはレースペースで走りきれるようにしておきたいところです。

ペースが体に入ると、時計を見なくても走った距離でタイムがわかるようになってきます。こうなれば、かなりランニング上級者になったといえるでしょう。

スピード練習の補足に使うＬＳＤ

以上が、スピード練習の代表的な４つの練習法です。こうしたトレーニングでフルマラソンを完走できる脚と心肺をつくっていくわけですが、ただ、こうして「全力」で走ることだけがマラソンのトレーニングではありません。ゆっくり走る日も必要です。

特に、負荷をかけたトレーニングをしっかり行った翌日は、ゆっくりと長い距離を走っておく（ＬＳＤ＝Long Slow Distance）と、体の疲労をやわらげるのに効果的です。体が疲れたからといってバタッと寝転がってなにもしないでいるより、軽い運動をしたほうが筋肉はほぐれます。その意味で、練習メニューを組むときに、スピード練習とＬＳＤをペアにすると考えやすくなります。

また、ゆっくりであっても長い距離を走るのは、それなりに脚を鍛えることもできます。その意味で、ＬＳＤは一石二鳥の練習でもあるのです。

僕はよく、前日のスピード練習での負荷のかけ具合から、翌日の走る距離を調整します。「きのうの練習は、追い込んだとはいえそんなにきつくなかったから、今日はゆっくり20キロ走ってもらおうか」とか、「昨日はしっかり追い込んだから、今日はジョギング60分でほぐそうか」とか。このへんのさじ加減は、練習を積んでいくと分かってくるので、いろいろ試してみてください。

練習は、ある意味で経験がものをいう世界です。自分の体に一番あった距離やスピードが分かってくると、練習もやりやすくなります。

ところで、LSDをスピード練習と切り離して考えるのもひとつの手です。ゆっくりと、とにかく長く走ることで脚を鍛えることに徹する。特に、スピード練習のようなハードなトレーニングが難しい年配者などにはおすすめです。

僕の友人に、ふだんから長い距離を走って64歳でフルマラソンを完走した人がいるので、その人の話を紹介しておきましょう。

その人は僕よりも年上で、昔はオリンピックの候補にまでなった人です。でも、いつしか仕事に夢中になりすぎて、何十年も運動らしい運動をしてこなかった。すると、体重が若いころより30キロもオーバーしたそうです。さすがに健康に不安を感じて、定年を機に走り始めました。

最初は自分にどれくらいの体力があるのかもわからない。そのため、ジョギングで脚をつくることから始めました。

あとで話を聞いたところによると、土曜日と日曜日に距離を稼いだそうです。最初はきつかったけれど、1年半くらい根気よくがんばった。大会が近づいてきたころには、ゆっくりと25～30キロも走れるようになり、体重は30キロも落ちて、もとの体型に戻りました。そして、64歳で40年ぶりのフルマラソンに挑戦。なんと、3時間18分で見事に完走を果たしたのです。僕もその話を聞いたときは、本当に驚きました。

こうやって、年配者はゆっくりと長い距離を走ることで脚を鍛えることもできます。こつこつと何年間も続けてやることが必要になりますが、体に無理のないやり方として覚えておくといいかもしれません。

以上、練習メニューを組む前に知っておきたいいくつかのトレーニングについて説明してきました。

これらのトレーニングを使って、これから1週間のメニューを組んでいきます。

2. 練習スケジュールを組む

スケジュールを組むときの考え方

ここからは、1週間の練習メニューを具体的に組んでいきますが、その前になぜスケジュールを組むのか、その目的を確認しておきます。

それは、計画的に練習するためもありますが、もうひとつ、行き当たりばったりの予定で1週間に1日しか練習できなかった、というような事態になるのを避けるためでもあります。せっかく鍛えた筋肉も、1週間練習しないと2分の1にまで減ってしまうし、心肺機能もなにもしなければ2週間で元に戻ってしまいます。これではあまりにもったいないので、スケジュールを組んでおくわけです。

数カ月分のスケジュールをつくってもいいし、あるいは仕事の都合を見ながら1週間単位で考え直していってもいいでしょう。よくやるのは、レースまでの3カ月間のスケジュールを組む方法。これらを練習日誌や、手帳にちょっと書き込んでおくだけでも、きっと役に立つはずです。

では、スケジュールの具体的な組み方を考えていきましょう。大きく分けて3つのポイントがあるので、そこから先に話を進めます。

①出場するレースを決める――10キロか、ハーフか、フルマラソンか。それによって負荷のかけ方が違ってきます。

②週に何日練習できそうか――理想は6日。最低3～4日は欲しいところです。週末だけの練習では間があいてしまうので、30分など短い練習を平日にはさみます。

③本格的に追い込む日を決める――週に最低1回。できれば2回は追い込みたいです。

スケジュールの組み方は、その人の生活パターンによって大きく変わってきます。このあと、具体例をあげていくので、参考にしながら自分のオリジナルを考えてみてください。

そして、一度スケジュールを決めたからといって、体調が思わしくなければかける負荷を落としたほうがいいし、調子がよければ走る距離をのばしてもいいでしょう。臨機応変に、無理のない範囲でがんばりましょう。

10キロレースに向けたメニュー――1～3カ月間用

ランニングが習慣化しているようなら、10キロの大会には気持ちに余裕を持って臨むことができるはずです。ここでは3カ月前から行うことを想定してスケジュールをつくってみましたが（図3―3）、そこそこのスピードで完走することが目的なら、10キロの場合1カ月前から始めても問題はないでしょう。

ただし、一度でも完走の経験があれば、やはり前回よりいいタイムで走りたくなるものです。ここでは、目標を50分を切ること（1キロ5分ペース）におき、これが自己ベストの更新に当たるような人に向けて、それなりに負荷をかけた練習メニューをつくってみました。

仮に1キロ5分のペースを維持したままフルマラソンを完走すると3時間30分59秒。初心者であれば、かなりのハイペースであることが想像できると思います。しかし、10キロのレースであれば、けっして不可能なタイムではありません。ジョギングだけの練習に終始せず、レースペースを意識したスピード練習を取り入れれば、飛躍的にタイムが短縮できるはずです。

図3―3に練習できる日にしたがって、「4日」と「3日」の2パターンを用意しました。はじめに「4日」のスケジュールから確認しておきます。

ポイントとなるのは、土曜日と日曜日に入れたスピード練習です。2日間で程よく負荷をかけることをめざしました。

【図3-3】10kmレース出場に向けての練習メニュー（1～3カ月間用）

■週4日の練習が可能な場合

◎が追い込む日

土	◎	30～40分	7割の走りで1km＋ウォーキング2～3分のインターバル走×2～3セット
日	◎	70～90分	15km（後半から、ビルドアップ走）
月	◎	20～40分	ジョギング
火			休み（3日間の練習後なのでここは休む）
水			休み（翌日の練習と入れ替えても可）
木	◎	50分	ジョギング10分＋ビルドアップ走30分＋ジョギング10分
金			休み

■週3日しか練習できない場合

◎が追い込む日

土			休み
日	◎	60～90分	ビルドアップ走10～15km
月	◎	30～40分	ジョギング
火			休み（2日間の練習後なのでここは休む）
水			休み
木	◎	60分	ジョギング10分＋全力5分＋ウォーキング5分×3セット
金			休み

土曜日にはインターバル走を入れていますが、ここでは7割くらいの力で1キロを走るようにしました。間に2～3分のウォーキングを入れて、これを2～3本。そんなにきつくはないでしょう。時間にして30～40分の練習です。

余力があるはずなので、翌日に15キロのビルドアップ走を入れています。これは前半をウォーミングアップ気味にゆっくり入り、後半5～7キロをスピードを上げながら追い込んでください。

この休日2日間でまずまず追い込めたはずです。月曜日には、短い距離でいいので、ジョギングで筋肉をほぐしておくといいでしょう。

そして、次の週末までの間に、もう1日スピード練習を入れて、筋肉が落ちないように配慮します。ここではそれを木曜日に入れました。平日であることを考えて、1時間以内で済むように30分のビルドアップ走をメインに、その前後にウォーミングアップとクーリングダウンのジョギングを入れています。

どうでしょう。なんとなく、メニューの組み方のコツが見えるのではないでしょうか。週4日の練習ができる場合、土日2日間に連続して重い負荷をかけるのは避けています。土曜日に「7割の力でインターバル走」というように、少し負荷を落としているのはそのためです。このへんが、がんばり過ぎない、ということでしょうか。2日間びっしり走ったら疲れもたまりますし、故障にもつながるかもしれないと考えたものです。

これが週3日間練習となるとちょっと変わってきます。

日曜日に設定したスピード練習の日には、15キロでしっかりビルドアップ走に取り組んでほしいのです。最初はゆっくり入って、少しずつ少しずつペースアップします。自分なりに15キロ全体を使って追い込んでいくのが、4日間のときとの違いです。あとは、基本的な考え方は変わっていません。

ハーフマラソンに向けたメニュー——3カ月間用

ハーフマラソンになってくると、さすがに一筋縄ではいきません。

初心者なら10キロのロードレースを2～3本やってから、ハーフマラソンに向けたトレーニングをするのが理想的です。フルマラソンの半分の距離だからといって、甘く見てはいけません。こちらは10キロのときとは違って、3カ月しっかり練習したいところです。

今回は、週に3日の練習で考えました。目標タイムは2時間を切るところで、1キロ5分40秒のペース。少し1回1回の練習がハードになっていますが、きつ過ぎると感じたら、これは一例としてとらえてもらい、個々人の実力に応じて負荷の度合いを下げていけばいいでしょう。

では、練習メニューを確認していきます（図3－4）。

もっとも追い込む日は、日曜日。この日は最初の1カ月は15キロ、2カ月目からは距離をのばして20～25キロは走ってほしい。ハーフマラソンに出るのですから、どうしても、週に1回は距離を踏んでおきたいのです。そして、この距離を踏むトレーニングの中に、半分だけビルドアップ走も取り入れてしまう。後半7キロないしは10キロは徐々にスピードを上げて、1日でふたつ分のトレーニングを行います。そうやって、少ない練習日を効果的に使っていくわけです。

日曜日の練習が終わったら、あとは1日おきに負荷をかけていきます。今回は、ハーフマラソンに向けたメニューなので、もう1日10キロのビルドアップ走を火曜日に入れました。ペース配分は、体調に合わせて、走りながら決めてください。最後の1～2キロで息がゼーゼー言うくらい追い込めればいいでしょう。がんばり過ぎないように、程よく負荷をかけていくことです。

そして、この火曜日の負荷のかけ具合によって、あるいは時間の関係によって、木曜日

【図3-4】ハーフマラソン出場に向けての練習メニュー（3カ月間用）

■週3日しか練習できない場合

◎が追い込む日

土		休み
日 ◎	90〜120分	15〜25km （後半7〜10kmはビルドアップ走）
月		休み （もしくはジョギング）
火 ◎	60〜70分	ビルドアップ走で10km
水		休み
木 ◎	80〜90分	15km（後半7kmはビルドアップ走） ※時間がなければ下記
	35〜40分	ジョギング10分＋全力20分 ＋ジョギング5〜10分
金		休み

日曜日の15〜25kmは、3カ月の間に徐々に距離を伸ばす

の練習を臨機応変に走ります。図の中には、そうした意味で負荷のきついものと、軽いものと２つの練習内容を入れました。

レース前の３カ月は、やはりここに例示したくらいの練習が行えるような走力がついていると頼もしいところです。

ただ、初心者がハーフマラソンに出るのであれば、もう少し負荷を落としてもいいでしょう。レース自体の目標タイムも最初は２時間半くらいになると思います。それくら

いの目標タイムにしておいて、余裕を持って走れば、きちんとした完走ができるはずです。初めてハーフマラソンに出場する人は、タイムよりも完走を目指すこと。とにかく、ゴールする喜びを知っておくことが大事なんです。

フルマラソンに向けたメニュー――3カ月間用

フルマラソンの練習でのポイントは「距離を踏む」ことです。ゆっくりめでいいので、できれば1週間に1度は30キロくらいの距離を踏んでおきたい。あるいは3時間の練習でもいい。もちろん、月に1度40キロくらい走れるならそれに越したことはなく、さらに理想をいうなら、50キロくらい走っておくと、距離に対する不安を取り除くことができます。

ここでは、週に4～5日練習できると考えて、目標を初マラソンでの完走においてメニューをつくってみました（図3－5）。

もっとも負荷をかけるのは「距離を踏む」日にした日曜日。前述したように、長い距離を走り、余裕があれば、最後の2キロだけビルドアップ走にするなど工夫していくといいでしょう。

そして、この日曜日に長い距離を走るので、それなら前日の土曜日に少し負荷をかけた

【図3-5】フルマラソン出場に向けての練習メニュー

◎が追い込む日

土 ◎	── 追い込む日(下記のいずれか)──	
	12〜40分	全力2分＋ジョギング2〜3分×3〜8セット
	18〜48分	全力3分＋ジョギング3分×3〜8セット
	30〜80分	全力5分＋ジョギング5分×3〜8セット
	30〜45分	全力10分＋ジョギング5分×2〜3セット
日 ◎	── 長い距離を走る日(下記のいずれか)──	
	90〜180分	15〜25〜35km
	4〜6時間	山歩き
月		休み(ジョギングでも可)
火	30〜60分	ジョギング
水 ◎	60分	ビルドアップ走 (10分ジョギングの後ペースを上げる)
木		休み
金	30〜60分	ジョギング

練習を入れておけば、日曜日の練習が「筋肉ほぐし」と「長距離ランニング」の一石二鳥になります。それで、土曜日に4パターンくらい短い時間で負荷をかけるインターバル走をあげました。土曜日なので、ときには陸上トラックなどが公開されているところに出かけてみるのも手でしょう。

あとは、間隔を空けないように水曜日にも負荷をかけた練習を入れ、これで週3日のトレーニングです。時間が許せば、火曜日と金曜日にジョギングができると週4～5日の練習となって体調も整えられると思います。

このフルマラソンのメニューでは、やはり日曜日の長い距離を走る日がきつくなります。精神的に負担になることもあるかもしれません。そんなときには、「山歩き」に出かけてみるといいんです。お弁当や着替え、雨具などをリュックに詰めて出かけ、朝から夕方まで6時間も歩き続ければ、それだけで十分なトレーニング効果があります。

山歩きでは、ある程度の脚力が身についていたら、上り坂だけを早足歩きで上がってもいいでしょう。背中に背負った荷物が気にならなければ、ランニングを加えてみてください。上りでも下りでも、坂道と同様の筋力アップが図れます。

山道のいいところは、坂道ばかりというところ。ウォーキングであっても脚には常に負荷がかかっている状態なので、全身の持久力を高め、マラソンの距離に耐えられる脚をつくることができます。

レース前のコンディショニング

ここまでのトレーニングメニューは基本的に3カ月のものとして考えてきました。レー

【図3-6】10kmとハーフマラソンのレース1週間前の調整

◎が追い込む日

土／8日前 ◎	追い込み	タイムトライアル3〜5km
日／1週間前		休み
月／6日前	調　整	ジョギング
火／5日前 ◎	追い込み	ビルドアップ走12km
水／4日前	調　整	ジョギング
木／3日前 ◎	追い込み	タイムトライアル2〜3km（または1km×2〜3セット）
金／2日前		休み（軽いジョギングは可）
土／1日前	最終調整	ジョギング30〜40分
日／当日	レース	10kmレース、ハーフマラソン

スの当日から逆算して2週間前〜3カ月前までの期間で使うものです。

なぜ、直前1〜2週間はこのメニューを使わないのかといえば、負荷をかけたトレーニングを中心に組んでいるので、レースの直前まで同じことをしていると、当日は疲れて走れなくなるからです。当然、レース前1週間程度になったらやるべきトレーニングも変えないといけません。

では、レース直前のトレーニングはどうすればいいのでしょうか。

それが「コンディショニング」です。ここでは、10キロレースとハーフマラソンの場合について、大会1週間前のコンディショニングメニューを紹介していきます（フルマラソンについては第4章参照）。

図3－6にあげたコンディショニングメニューのポイントは、脚に最後の負荷をかける日のタイミングです。多くの一般ランナーであれば、本番の3日前で問題ありません。レースを日曜日に設定すると、3日前の木曜日にタイムトライアルを取り入れます。

タイムトライアルは、その名のとおり本番を想定してレースイメージで走る練習です。距離は2～3キロでいいので、本番を想定して全力で走っておきます。後半になってもスピードが落ちないように、一定のペースをキープすることが大切です。

この日のタイムトライアルは、脚に最後の負荷をかけておき、本番の日になっても、筋肉が衰え始めていないようにするのが目的です。これを僕らは、「脚に最後の刺激を入れる」とよく言いますが、つまり適度な負荷さえかけられれば、必ずしもこの日がタイムトライアルである必要はありません。

実は、タイムトライアルは本番8日前の土曜日にも設定しています。こちらのほうが、少し長めに走るので、タイムを計測して本番でどれくらいのタイムが出せるかを予想するのには適しているでしょう。その意味では、タイムトライアルは1週間程度前、というのが基本です。3キロか、もしくは1キロのタイムを計測して、脚に刺激を与えると同時に自分の実力を試しておく。ハーフマラソンに出場する人は5キロくらいの長い距離でタイムトライアルをしておくといいでしょう。

フルマラソンでのコンディショニングについては、第4章でも紹介します。何度フルマラソンに挑戦しても完走できないという人、あるいは記録が伸びずに悩んでいる人、そんな人は、ぜひ、参考にしてみてください。

第4章　メダリストたちのコンディショニング

――フルマラソンを「もっと速く」走るために

前章の最後に紹介した「10キロとハーフマラソンのコンディショニング」に続き、ここでは特にフルマラソンを意識したコンディショニングについて話していきます。わざわざ章立てを分けたのは、フルマラソンのコンディショニングは単なる「調整」の域を超えて、「レースマネジメント」の域にまで及ぶからです。

たとえば僕たちのように、オリンピック選考会などに選手をおくり出す場合、そのレースがどんな展開になるのかは、駆け引きとしてとても重要になります。「スタートから速い展開になる」のか、それとも「スローペースになる」のか――このいずれかによって、選手の脚の仕上げ方がまったく変わってくる。「前半から走れる脚をつくるか」、それとも「後半になってから伸びる脚をつくるか」では、やることが異なるのです。

こうした、レースに合わせて「仕上げる脚を変えること」が、僕らが普段、コンディショニングと呼んでいる作業です。選手の体調などを見ながら、だいたいレースの1〜2週間前からすすめていきますが、これをごくごく一般のランナーでも取り入れていくと、とても効果があります。

レースの駆け引きは必要なくても、「私はいつも30キロ過ぎで脚が止まってしまうから、後半から伸びる脚をつくりたい」とか、「私は午前中のスタートはどうも苦手で、いつも前半のタイムが悪すぎるのをどうにかしたい」など自分なりのテーマの克服や、あるいは「今度のレースは前半にアップダウンが多いから、そこで脚を使いきらないか心配だ」とか、「初めての真夏のレースだから、終盤でバテないようにしたい」など、コース状況や天候などへの対応にも効果が期待できるのです。

この本の冒頭「はじめに」で紹介した女性ランナーも、このコンディショニングを知ってはじめて3時間を切ることができました。タイムの伸び悩みが続いている人などにはおすすめです。コンディショニングの仕方を知っておくと、レース当日の走りがとても楽になるはずです。

では、どうやって脚をつくり分けるのか——。具体例をあげながら説明していきます。

鈴木博美のコンディショニング

まず、１９９７年のアテネ世界選手権で優勝した鈴木博美を例にあげてみましょう。

この大会は非常に厳しいレース条件でした。8月の酷暑に加えて、後半30キロ手前からアップダウンが待ち受けるコース。これでは、記録の更新は望めません。そのため、レース自体もスローペースになることが予想されました。

そこで、鈴木がどんなコンディショニングをしたかというと、ポイントになるのがレース3日前の木曜日（図4－1）。

その日、鈴木がやったトレーニングがこれです。

「5キロ（ゆっくり）＋5キロ（全力）＋5キロ（ゆっくり）」。

合計15キロ。レースの3日前に15キロも走るなんて、と一般のランナーは思うかもしれませんが、ここである程度しっかりとした負荷をかけておくことにコンディショニングとして重要な意味があります。

3日前に負荷をかけると、さすがに残り2日間では完全に疲労を取ることができません。そのため、レースの当日、スタートラインに立ったときも少し脚が重く感じるんです。つまり、「重たい脚」ができる。これが、この大会で目指していた脚でした。

脚が重ければ、気持ちの上でも前半は慎重になるから、オーバーペースになることがありません。もともと酷暑でスローペースが予想されていたのですから、重たい脚でも一向に差しつかえがない。むしろ、重たく感じる脚にはスローペースはいい足慣らしになるくらいです。

そして、中盤以降になると筋肉も十分にほぐれてくるので脚の重さは感じなくなります。

【図4-1】鈴木博美の1997年アテネ世界選手権 コンディショニング概要

◎が追い込む日

	午前	午後
金	60分ジョギング	◎ 30kmタイムトライアル
土	60分ジョギング	90〜100分ロングジョギング
日	60分ジョギング	休養
月	◎ 25kmビルドアップ走	40〜50分ジョギング
火	60分ジョギング	80〜90分ジョギング
水	60分ジョギング	60〜70分ジョギング（ゆっくり）
木	60分ジョギング	◎ 5kmゆっくり＋5km全力＋5kmゆっくり
金	60分ジョギング	60分ジョギング（ゆっくり6km）
土	60分ジョギング	40〜50分ジョギング（1kmだけ軽くペース走）
日	レース	

むしろフワッと軽くなった感じがして走りやすくなる。実際に鈴木の脚は30キロ手前に来ても衰えを見せず、アップダウンが始まるそのあたりで彼女がスパートをかけると、だれもついて来られませんでした。

つまりこのレースは、スタートラインに立ったときに、少し脚が重く感じるくらいがちょうどよかったのです。

一般ランナーの場合、これは後半の走りが苦手な人におすすめです。もしあなたが、

30キロを過ぎたあたりで脚に力が入らなくなることが多ければ、いつもレース1週間前にやっている練習を思い出してみてください。レース当日の疲労を考えて、ゆるめの練習に切り替えてはいなかったでしょうか。レース前に脚に負荷をかけていないと、後半で脚がもたないことがよくあるのです。

試してみるといいのは、鈴木がやったようにレース3日前に負荷をかけた練習を取り入れること。「5キロ×3本=15キロ」も走るのが不安であれば、2キロの全力走なり、1キロの全力走を3本くらい走っておけば、十分に刺激を与えることができます。個人差があるので、試しながら自分に合った刺激を探さなければいけませんが、3日前に重い負荷をかければかけるほど、当日はより重い脚ができやすくなり、後半勝負型の走りになっていきます。負荷をかけ過ぎない程度で、一度試してみるといいでしょう。

ただ、3日前の負荷に加えてもうひとつ、フルマラソンのコンディショニングでは7~10日前に行うタイムトライアルも意味を持ってきます。鈴木の場合は9日前に30キロのタイムトライアルを行いました。3日前にかけるのがレース直前の負荷だとすると、こちらはレース1週間前あたりでかける重めの負荷です。

これに関しても、少し説明を加えていきましょう。

タイムトライアル

フルマラソンのコンディショニングでは、１週間から10日前に行う10～30キロのタイムトライアルが、脚や心肺にいい刺激になります。ここで重めの負荷を一度与えておき、レース３日前にもう一度適度な負荷を与えることで、脚つくりが完成します。

タイムトライアルは、文字どおり、レースをイメージして全力で走り、タイムを測定するものです。本来の目的は、ここでタイムを計り、だいたい本番の様子をつかんでおくためのもの。でも、それがいい負荷にもなるので、コンディショニングの一環として利用します。

タイムトライアルを行う前には、まず10～20分のジョギングでしっかりとウォーミングアップをしておきます。いきなり全力で走るのですから、さすがにある程度は体を温めておいて、体の準備を整えます。

時計を押してスタート。ポイントは一定のペースで走り、後半になってもペースを落とさないことです。なおかつ、スピードとスタミナの強化にもつながるので、全力で走らなければ意味がありません。

走っている途中で起きる体の変化も確認しておきます。「何キロまで来たら苦しくなる」

れるのかを想定できるようにしておくことが大事です。

「どの地点で脚が止まってしまう」。そのように、実戦のペースで自分がどれくらいまで走れるのかを想定できるようにしておくことが大事です。

サブスリー（3時間切り）に挑戦しようと思っている人は、レースの8～10日くらい前に30キロのタイムトライアルをやっておくといいでしょう。特に記録が更新できずに悩んでいる人には、必ず効果が表れます。もっと自分を追い込みたいなら、20キロのタイムトライアルをやったあとに、少し休憩をはさんでもう一度20キロのタイムをとるというトレーニングもあります。そこまでできる人はなかなかいませんが、間違いなく強くなります。

もちろんサブフォーや5時間切りを狙うようなランナーがやっても、非常に効果があります。30キロが難しければ、10キロのタイムトライアルを20～30分の休憩をはさんで2回くらいやるのでもいいでしょう。

そして、自宅の近くに30キロも距離が正確にわかる場所がない、あるいはひとりで走るのは嫌だ、という人は、大会に出場してみるのもひとつの方法です。これはエリートランナーたちもよくやる方法で、この場合、距離はハーフマラソンが最適。その大会を予行演習として走れば、本番のレースに向けていい練習になります。

ただ、気をつけてほしいのは、タイムトライアルとレースの間隔は、最低でも1週間以上空けること。疲れは3日くらいとれないので注意してください。

高止まりした自己記録の更新を目指す場合、たとえばサブスリーを目指すような場合は、こうしたコンディショニングを取り入れながら、トレーニングを組み立てていきます。いろいろ知恵を絞ると、アイデアは浮かぶものです。トレーニングを積めば、必ず目標は達成できます。

高橋尚子のコンディショニング

Qちゃんが世界的に注目を集めたのは、1998年のバンコクアジア大会でした。実はこのとき、大会の1週間前に全日本実業団女子駅伝に出場しています。ここで10キロちょっとを走って、区間賞を獲った。このときのQちゃんのレースを見て、僕は「スピードがあるなあ」って思った。そうしたら、1週間後のアジア大会では、気温が30度を超える中で2時間21分47秒。当時のアジア最高記録で見事に優勝です。

そうした実績があったから、2000年のシドニーオリンピックでも9日前の金曜日に10キロのタイムトライアルを行いました（図4－2）。このときのタイムがすごくよかった。その時計を見て、僕は金メダルを確信しました。今でも鮮明に覚えています。

比べてみると分かりますが、Qちゃんと鈴木のコンディショニングは負荷のかけ方が大きく違います。たとえば、9日前のタイムトライアルは、鈴木が30キロでQちゃんは10キロ。3日前に負荷をかけたときも、鈴木は15キロでQちゃんは3キロです。明らかにQちゃんのほうが軽いコンディショニングになっている。

実はこのとき、Qちゃんは意図的に練習量を落としていました。仮にこの3日前に鈴木のように15キロくらい走っていたら、レース当日はもっと後半まで脚が持っていたかもしれません。しかし、シドニーではスタートラインに立ったときに脚を少し軽くしておきたかった。スタート直後に下り坂があり、ハイペースになると前半で置いていかれてしまう可能性があったので、集団についていける脚にしておく必要があったのです。

その上でQちゃんにはこう指示しました。

「いいかい、前半はみんなと一緒に行くんだよ。ペースの速い選手が1人、2人いても追いかけちゃ駄目だ。集団で17・5キロの折り返し地点まで行ったら、そこでポンと出て5人くらいに切っちゃえ。そうすれば25キロで3人になっているよ」

狙いどおり、Qちゃんは18キロ過ぎあたりでギアを切り替え、20人以上いた集団がバラけて25キロ地点を通過するころには3人になっていた。2度目のスパートは、34キロを過

【図4-2】高橋尚子の2000年シドニー五輪 コンディショニング概要

◎が追い込む日

	午前		午後
金	60分ジョギング	◎	10kmタイムトライアル
土	ジョギング		90〜100分ロングジョギング
日	ジョギング		休養
月	ジョギング	◎	20km（2分の1の力で）
火	ジョギング		60分ジョギング
水	ジョギング		60分ジョギング
木	ジョギング	◎	2km全力+60秒休憩+1km全力
金	ジョギング		60分ジョギング
土	ジョギング		60分ジョギング
日	レース		

ぎたところ。サングラスを道路わきに投げた後、すぐにスピードを上げてリディア・シモン選手を振り切ります。その後は37キロから39キロまで下りの高速道路。一人旅となったこの道では、とにかく全力で走ってできるだけ後続との差を広げておきたかった。

でも、シモン選手も強いランナーです。レース前に立てていた予想では、高速道路を下りた時点での2位とのタイム差は40秒とふんでいましたが、実際は27秒しかなかった。

みるみるうちに2人の距離は縮まっていく。後半型の脚をつくったわけではないので、ある程度は覚悟の上でした。「いやー、まずいなぁ」と思いましたよ。

でも、マラソンの神様はQちゃんに味方をしてくれた。最後は、予想していたとおり8秒の差でゴールテープを切ったんですから。

Qちゃんの例は、鈴木とは逆にやや脚を軽めにつくったもの。このように、コースの状況やスパートを仕掛けるタイミングなどで、どんな脚をつくるかを考えてコンディショニングを行うのが、マラソン練習の最後の詰めなのです。

経験を積み重ねる

こうして見ていくと分かるように、コンディショニングにはある程度の経験が必要になります。どの程度の負荷をかければ、どれくらい脚が重くなる、あるいは軽くなるのかは、個人差があるので試していくしかありません。しかし、一度分かってしまうと、これほどレースに対して即効性のあるトレーニングはないでしょう。トップアスリートたちがやっている世界を経験してみるのは、同じランナーとしてきっと有効なはずです。

もちろん、コンディショニングを行う前からいいトレーニングをしっかりとこなしておくことが大前提です。ふだんから走り込んでいなければ、どんなにコンディショニングを気にしたって30キロを過ぎると脚が参ってしまいますから。それ以前に、まったく練習をやっていない人が、レースの前になっていきなりタイムトライアルで30キロも走ったら、ひざや腰を壊してしまいます。

あくまでも、コンディショニングは内容の濃いトレーニングがあってはじめて生きるものです。やり方が間違っていなければ、その先には大きな達成感が待っています。記録もぐんとアップするに違いありません。

そういえば、Qちゃんにはいつもこう言っていました。

「お前には素質がないんだ。だから、トレーニングは世界一やらなくちゃいけない」と。

そのため、誰も経験したことがないロッキー山脈の奥まで行き、標高3600メートルの場所を何回も走らせました。富士山の頂上とたいして変わらない高さです。そこで上りっぱなしの24キロを走って心肺機能を鍛えました。それから、シドニーオリンピックの前にはアップダウンのあるコースで、43キロを13回も走っています。序盤のペースやスパートをかけるタイミングを想定し、すべて本番さながらのトレーニングをしました。

有森も同じです。彼女の月間走行距離は1000キロを超えていました。アメリカ合宿でもかなりハードなトレーニングをさせています。川沿いを走るコースがあって、朝から坂道を24～28キロくらい走らせたこともある。今日は距離が少ないなぁ、と思うときでも上りっぱなしの道を12～13キロ。ロッキー山脈の頂上まで上がって下りてくるんです。それが朝の練習でだいたい2時間。午後もまた別の練習を2時間ぐらいやる。トータルで4時間。有森だからできた練習です。だからオリンピックで2回もメダルが獲れたんです。

僕のトレーニングは常識外れだとよく言われましたが、自分が走ってきた経験があるからそうした過酷な練習をさせることもできたんです。

確かに一般のランナーには専属の監督やコーチはいません。自分でスケジュールを組むのも難しいと思う。だからこそ、何度もフルマラソンを走って、経験を蓄積することが大切なんです。一度のレースで結果が出なくても、積み重ねてきたことは次のレースで必ず生かされます。

たとえば、一度でもフルマラソンを完走すれば、こんな考え方をすることもできます。

「前回は3日前に刺激を入れたけど、脚が重くて走れなかった。じゃあ、今度は少し負荷を軽めにしてみよう」

「レースの前日に60分のジョギングを入れたら、快適に走ることができた。自分にはこれが合っている」

これこそが、経験の蓄積です。

こうやって何度も繰り返すことで、自分に合ったコンディショニングが見つかるはずです。サブスリーはもちろんのこと、サブフォーだって一朝一夕で達成できることではありません。確かにマラソンは難しい。

でも、だからマラソンは面白いんです。

第5章　マラソン大会を走る

——レースの流れを知る

「走るための準備」からスタートしたこの本も、いよいよ実際のレース当日のことを話すところまできました。ここまでしっかりトレーニングを積んできた人なら、フルマラソンの完走もそれほど難しい目標ではありません。

ただ、これまで何度も述べてきたように、フルマラソンを走るランナーの多くが、必ずといっていいほど30キロを過ぎたところでペースダウンしてしまいます。しっかりトレーニングで負荷をかけてきていれば完走は大丈夫。ただ、ペースダウンについてだけは少し別物です。練習が万全であっても、レース当日の走り方をひとつ間違えるだけで、大きな落とし穴にはまってしまう。大げさではなく、せっかくがんばってきたことが水の泡になってしまうのです。

そうならないためにも、事前にレースの走り方を知っておくことが大事です。あらゆる事態を想定してレースを走るための準備をする。それが第5章のテーマ、つまり、レースの現場をあらかじめ知っておくことです。

フルマラソンだけに限らず、10キロ、ハーフマラソンを含めて、レースの流れ、レース中に起きるアクシデントの対処法、あるいはレース会場に持って行く必需品などを説明していきます。

1．レースの走り方

10キロレースの流れ

ある程度のトレーニングさえ積んできていれば、10キロレースではまず心配事はありません。走っていて、急に脚がパタンと止まることもまずないでしょう。もともと人間の脚には、それくらいの距離に耐え得るエネルギーが蓄えられています。

ただ、唯一、不安点があるとしたら、それはスタートで飛ばし過ぎてしまうことです。

10キロレースぐらいの距離になると、スタート直後から飛び出すランナーも多くいます。すると、出遅れたくないという感情から周囲の速いペースに巻き込まれてしまう。スタート地点で転倒する人が多いのは、そうした焦りが引き起こすのでしょう。いくら練習を積んできたといっても自分の力以上のものは出せないのですから、冷静になってペースをつくることを心がけるのが大切です。

1キロ地点まで来たらタイムをチェックして、予定よりも早ければペースを落とします。逆に遅いからといって慌てると、後半に入って脚が持ちません。「最後に巻き返せばいい」くらいの気持ちで、余裕を持って走ることです。

10キロレースで一番苦しくなるのは、だいたい6～9キロぐらい。前半はなるべく抑え気味に行って、もし、6キロ、7キロと過ぎても調子が落ちないようであれば徐々にペースを上げてもいいでしょう。前半抑えた分を使いながら、少しずつ行く。このへんの兼ね合いが難しいですが、ペースに対する練習の成果が試されるところでもあります。

ところで、ここまで前半は抑えていくようにと言ってきましたが、本当は平均的に自分のペースを維持するのが理想です。その上で、ふだんよりもタイムが出る方法を知っておくといい記録が出るんです。それは、自分より少し速い選手がいたら、ついて行くこと。10キロという距離であれば、必要以上に抑え気味に行くことはせず、チャレンジしてみるのもひとつの考え方です。

ハーフマラソンの流れ

ハーフマラソンに初めて出る人は、さすがにそれなりの心の準備が必要でしょう。「ちょっとおっかないな」というなら、レースの前に目標タイムを設定しておくと安心して走れます（図5－1）。

初心者なら2時間半くらいが目安。この場合、1キロのペースはおよそ7分～7分10秒。

【図5-1】目標タイムで走るためのペース表

1km	10km	ハーフマラソン	マラソン
3'30"	35'00"	1°13'30"	2°27'41"
3'40"	36'40"	1°17'21"	2°34'43"
3'50"	38'20"	1°20'52"	2°41'45"
4'00"	40'00"	1°24'23"	2°48'47"
4'10"	41'40"	1°27'54"	2°55'49"
4'20"	43'20"	1°31'25"	3°02'51"
4'30"	45'00"	1°34'56"	3°09'53"
4'40"	46'40"	1°38'27"	3°16'55"
4'50"	48'20"	1°41'58"	3°23'57"
5'00"	50'00"	1°45'29"	3°30'59"
5'10"	51'40"	1°49'00"	3°38'00"
5'20"	53'20"	1°52'31"	3°45'02"
5'30"	55'00"	1°56'02"	3°52'04"
5'40"	56'40"	1°59'33"	3°59'06"
5'50"	58'20"	2°03'04"	4°06'08"
6'00"	1°00'00"	2°06'35"	4°13'10"
6'10"	1°01'40"	2°10'06"	4°20'12"
6'20"	1°03'20"	2°13'37"	4°27'14"
6'30"	1°05'00"	2°17'08"	4°34'16"
6'40"	1°06'40"	2°20'39"	4°41'18"
6'50"	1°08'20"	2°24'10"	4°48'20"
7'00"	1°10'00"	2°27'41"	4°55'22"
7'10"	1°11'40"	2°31'12"	5°02'24"
7'20"	1°13'20"	2°34'43"	5°09'26"
7'30"	1°15'00"	2°38'14"	5°16'28"

たとえば、ハーフマラソンを2時間30分以内で走りたければ、だいたい7分／kmペースで走ればいい。フルマラソンでサブフォー（4時間切り）を目指すならば5分40秒／kmペースと分かる

もし2時間を目指すとなると1キロのペースは5分40秒になります。ふだんの練習でこうした目標ペースを覚えておいて、実際のレースで同じペースか、少し落としたペースで走る。これが一番、経済的な走りです。

オーバーペースにならないよう、自分のリズムを守ることが大切で、ペースさえ間違えなければハーフマラソンもけっして難しい距離ではありません。

スタートに関しては、10キロもハーフマラソンも注意点は同じです。けっして自分のペースを無視していきなり飛び出さないこと。初心者であれば、最初はウォーミングアップのつもりで自分のリズムで気楽にトコトコ行く。前半は抑え気味に行くことが大事です。

そして、3キロくらいまで行ったら、自分と同じか、少し速い人を見つけましょう。つまりペースメーカーになってくれそうな人を早めに2〜3人探してそのグループの後ろについていく。これは市民マラソン大会のいいところで、いろんなレベルの人がいるので必ず目指す相手が見つかります。そうすると、前を走っている人が風除けになってくれるから、すごく楽に走れます。

ハーフマラソンの場合、もっともペースダウンしやすいのが15〜20キロあたりです。いくらそれまで適正なペースを守っていても、さすがに脚は疲れてくる。そんなときも、できるだけ前半のリズムを維持すること。レースは粘りが大切。これはどのレベルのランナーでも同じで、苦しいところでがんばれるのが練習で追い込んできた人の強みです。

ただ、初めてのハーフマラソンは完走することを一番の目標にしてください。ゴールしたときの達成感は、10キロのそれよりも大きいに違いありません。そうすれば、フルマラソンを走るという夢も、ますます膨らんでくると思います。

フルマラソンの流れ①／スタート～中盤編

フルマラソンの理想はイーブンペース。つまり一定のペースで走り続けることが、体力の消耗を最低限に抑えるポイントです。完走を目指す人でも、いい記録を出したいと思う人でも、そこは基本的に変わりません。

ただ、このイーブンペースを守るのが、初マラソンではやっぱり難しいんです。

たとえば、参加者が何万人にも達する大きなマラソン大会になると、スタートの号砲が鳴ってからスタートラインを越えるまでに何分もかかることがよくあります。こういう大会はスタート地点を過ぎてからも大混雑。走れるような環境ではなく、のそのそと前に移動するだけです。ランナーが「ペースを守ろう」と考えていても、はじめから無理なんですね。

こんなとき、人と人の間をジグザグにぬって追い抜いていく人がいます。混雑から抜け出そうとして、脚のバネを使って右へ左へと走ってしまう。本人は、「これじゃあ、予定のペースで走れないヨ」と思っているのかもしれない。でも、こんなところで体力を使ってしまっては、それこそ後になって、ペース維持ができなくなります。

大きな大会やスタート地点の道が狭いところなどでは、最初の1〜2キロはなかなか思いどおりには走れないものです。そこで焦らないこと。前半は体力の消耗を極力減らすことを意識してください。とにかく、後半まで体力の温存に努めなければなりません。

どんな大会でも2〜3キロも走ると、だんだんランナーも落ち着いてきます。混雑もなくなり周りの流れも見えてきて走りやすくなる。そんな中で5キロくらいまでくると、体がふっと軽くなって、スピードを上げてしまうことがある。これがいわゆる「ランナーズハイ」。初心者だけでなく誰もが陥りやすい落とし穴です。どんなに調子がいいと感じられても、前半は「まだ早い、まだ早い」と自分を抑えること。調子のいいうちにタイムを稼ごうなどと考えると、かえって後半のペースダウンが激しくなります。

もし、オーバーペースのまま走り続けてしまうと、疲労物質の乳酸がどんどん脚に蓄積されていきます。エネルギーの消耗はフォームを崩すことにもつながり、やがてひざや腰が痛みはじめ、30キロを過ぎるともう歩くことしかできません。「行けるところまで行ってやろう」という考え方は、フルマラソンでは通用しないと思ってください。

初マラソンの人でもある程度経験を積んだランナーでも、前半はゆっくり行くことが鉄則です。むしろ「ちょっと遅いかな」というくらいが、ちょうどいいペース。ふだんの練習で、自分が楽に走れるペースというのを体で覚えておくといいでしょう。「これくらいのペースで走れば、5キロはだいたい何分だな」というタイムを頭に入れておく。もし、走っていると忘れそうだという人は、油性のペンで腕に設定したペースを書いておくと便利です。そうして、5キロ、10キロ、15キロ……と、5キロごとの距離表示を通過したところで時計を見ながら自分のペースを確認します。

前半の10キロや中間点を過ぎたところで、予定していたタイムより2～3分遅れていても、慌てる必要はありません。後半でいくらでも巻き返すことはできます。それより、調子が上がってもけっして無理をしないこと。前半は我慢して、ペースをキープしたまま走ることが大事です。

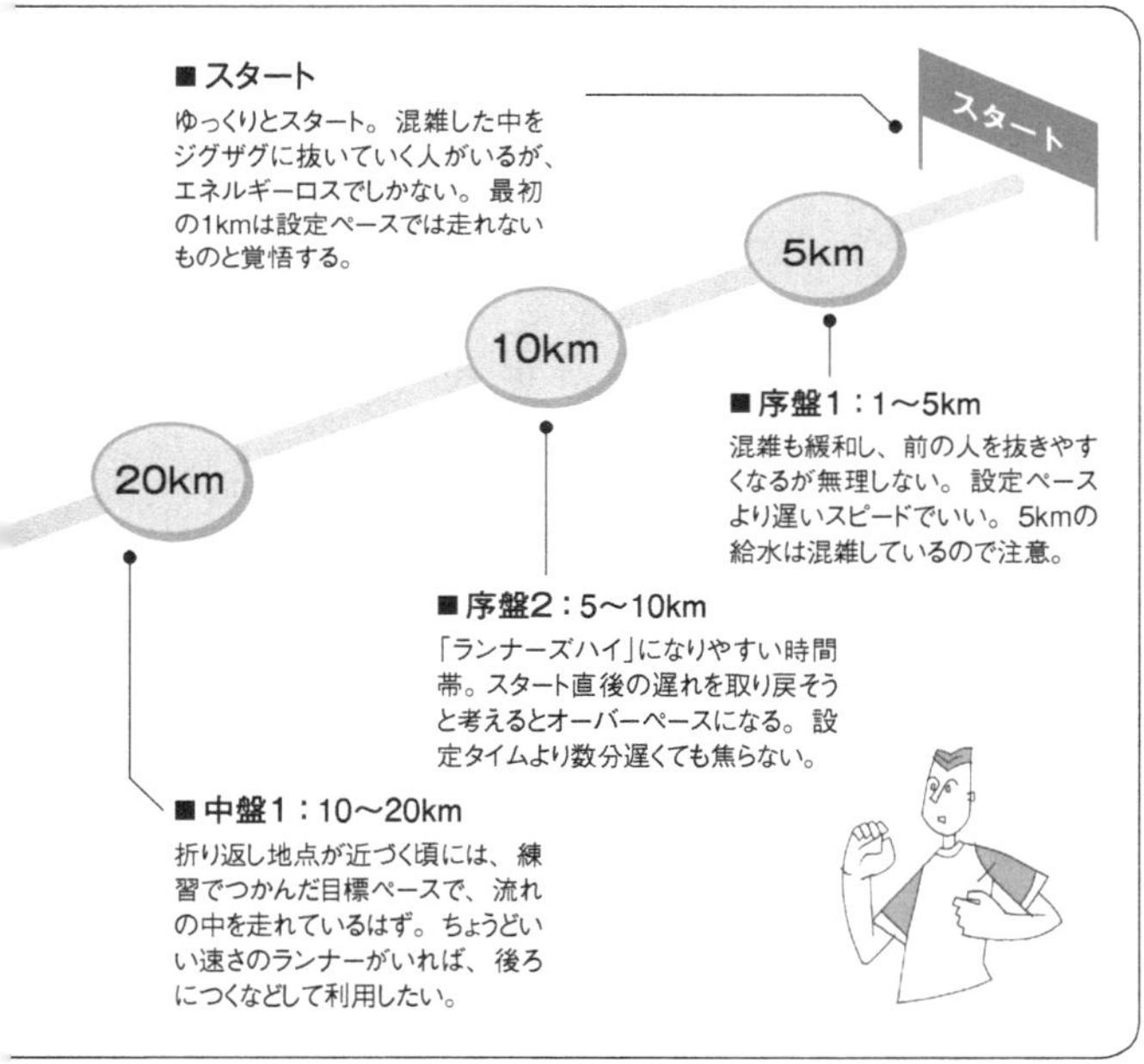
スタート
5km
10km
20km
■スタート
ゆっくりとスタート。混雑した中をジグザグに抜いていく人がいるが、エネルギーロスでしかない。最初の1kmは設定ペースでは走れないものと覚悟する。
■序盤1：1〜5km
混雑も緩和し、前の人を抜きやすくなるが無理しない。設定ペースより遅いスピードでいい。5kmの給水は混雑しているので注意。
■序盤2：5〜10km
「ランナーズハイ」になりやすい時間帯。スタート直後の遅れを取り戻そうと考えるとオーバーペースになる。設定タイムより数分遅くても焦らない。
■中盤1：10〜20km
折り返し地点が近づく頃には、練習でつかんだ目標ペースで、流れの中を走れているはず。ちょうどいい速さのランナーがいれば、後ろにつくなどして利用したい。

フルマラソンの流れ②／中盤〜ゴール編

折り返し地点を過ぎると、少しは気持ちが楽になると思います。適正なペースを守り続けていれば、まだそれほど苦しいと感じることはありません。ここで、ひとつの分れ道がやってきます。「半分も過ぎたし、ここらで少しずつ行ってみようか」と考えるか、「まだ20キロ以上ある、まだ早い」と自分に言い聞かせるか……。

僕はQちゃんにはいつも、

【図5-2】フルマラソンの走り方

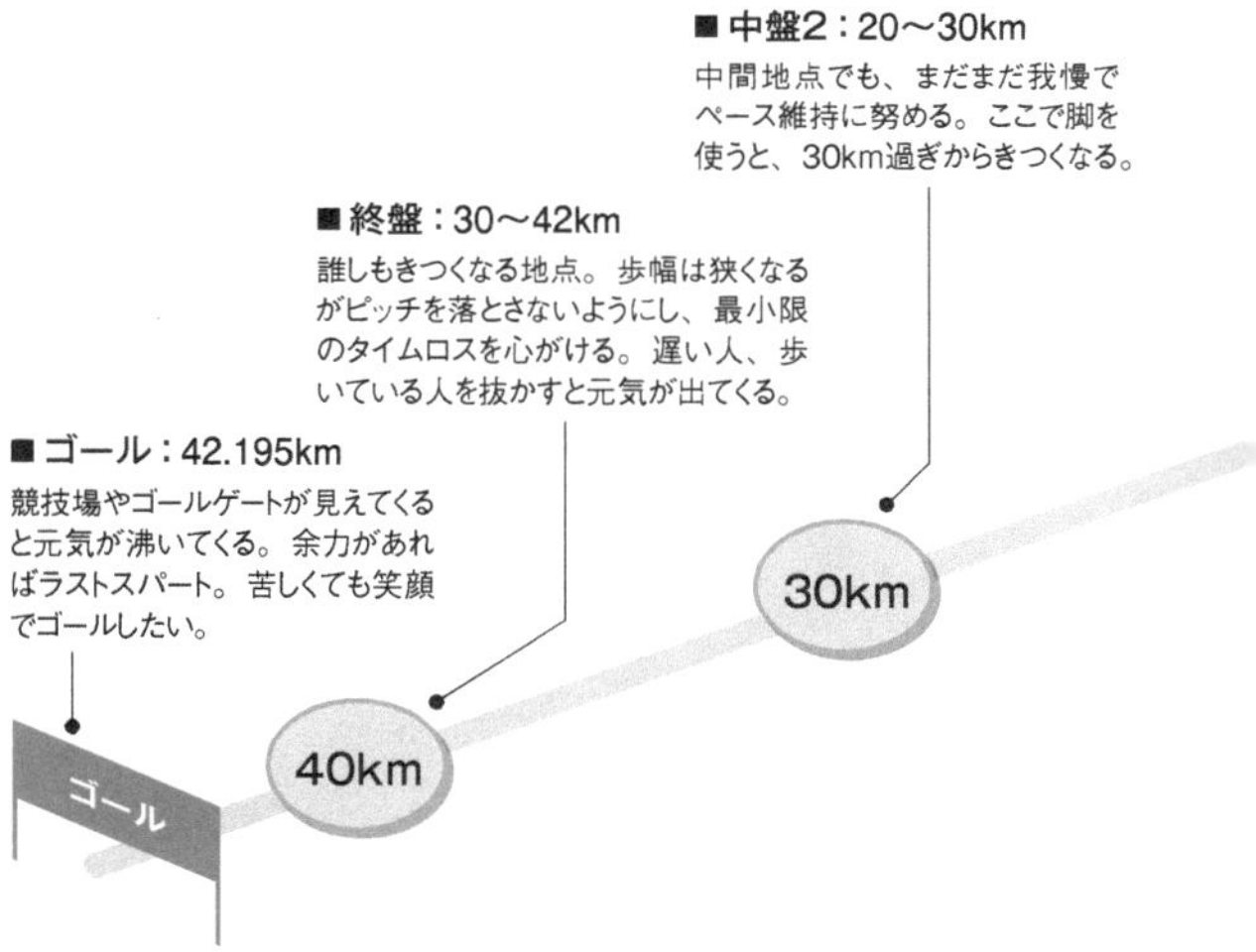
■中盤2：20〜30km
中間地点でも、まだまだ我慢でペース維持に努める。ここで脚を使うと、30km過ぎからきつくなる。
■終盤：30〜42km
誰しもきつくなる地点。歩幅は狭くなるがピッチを落とさないようにし、最小限のタイムロスを心がける。遅い人、歩いている人を抜かすと元気が出てくる。
■ゴール：42.195km
競技場やゴールゲートが見えてくると元気が沸いてくる。余力があればラストスパート。苦しくても笑顔でゴールしたい。
30km
40km
ゴール

こう言っていました。

「我慢、我慢、我慢。マラソンは我慢だよ」と。

いくらレースの中盤で調子が上がったからといって、無理をすると30キロ以降のペースダウンにつながります。必ず最後は脚がもたなくなってしまう。30キロ手前でエネルギーが十分残っているのは、ここまでの走り方が正しかったことの表れ。それを、わざわざ崩してしまったら、なんにもなりません。流れに身を任せるくらいの気持ちで、エネルギーのロスを極力減らしながらリラックスして走ることを心がけましょう。

30キロを過ぎると、どんなに練習を積んでいても脚がきつくなります。筋肉が疲弊してきて、どうしてもストライドは小さくなってしまう。そうなったら、無理にストライドをのばそうとしたり、維持しようとしたりせず、できるだけ脚の回転（ピッチ）を落とさないことを意識する。そうすれば、粘り強い走りをキープすることができ、ペースの落ち幅を最小限に食い止めることができます。

ほとんどのランナーは、いったん脚のバネがなくなったら、さすがに再び走り出すのは難しいと思います。どこのマラソン大会に行っても、30キロを過ぎると多くの人が歩いたり走ったりになっています。

あるいは給水所で立ち止まって、その場で水を飲んでいます。走りながら水を飲んでいる人はほとんどいません。できればそこで止まらないで、コップを持ちながらでもあきらめずにがんばって走り続けましょう。

ゴールゲートが視界に入ったら、自然と元気がわいてきます。

動かなかった脚も、力を振り絞ってもう少し。脚を止めずに走りきって、最後は笑顔でゴールです！

【図5-3】給水所での水の取り方

飲み口を「8の字」型につぶすと、こぼさず飲める
走りながら紙コップを取るときは、上から指を突っ込んで取るのが確実

2．アクシデントの予防＆対応

　ここまでは、レースの走り方そのものについて解説してきました。しかし、マラソンにはほかにも気をつけなければいけないことがいろいろあります。レース中に待ち受けるアクシデントもそのひとつ。

　ここからは、そうしたアクシデントに対する予防、あるいは対策について話していきます。

水分補給

　まずは給水の仕方から。ペースをうまくコントロールし、終盤の体力疲労を防ぐためにも、レース中は十分に水を飲むことを心がけてください。

多くの大会では5キロおきに給水所が設けられています。初マラソンの人は、走りながら紙コップをつかむのは意外と難しいもの。横から手を出して取ろうとせず、上から指を2、3本突っ込んで取ると確実です。また、走りながら飲む人は、紙コップの飲み口を指でつぶしてから口に運ぶと、鼻の中に水が入る心配がありません。慌てて飲もうとすると水が顔にかかったりして飲みにくいから、コップの半分くらいまで水を捨ててもいい。エリートランナーもみんなそうしているので、試してみてください。

水分はこまめにとることが重要です。でも、スタート前にとれていれば本当は最初の10キロくらいはとらなくても大丈夫。初めからがばがば飲んで8回も10回も水をとっているとお腹がタポタポになってしまうので、最初は飲んでも少し口に入れるぐらいで済ましておけばいいでしょう。

気をつけなければいけないのは、のどの渇きを感じたときはすでに体の中では水分不足が進んでしまっているということ。その時点から水分をとっても、吸収に時間がかかるため、間に合いません。「のどが渇いたな」と思う前に、少しずつ加減を考えて水分を補給しておく気持ちが必要です。

マラソン中継を見ていると、選手がスポンジを使って体に水をかけています。あれも、夏場の暑いときは、非常に効果的。直射日光を浴びて熱くなった首や肩、太ももなどに直接かけます。火照った肌を冷やすと、疲労の度合いもずいぶんと変わってくるものです。

ただし、冬場のレースではお腹を冷やさないように注意してください。ウェアにかけると、そこから冷えてしまうこともある。それに、水を含んだウェアは重くなるし、蒸れるとかえって走りづらくなってしまいます。

スポンジの水は、あくまでも露出している肌に直接かけるものだと考えてください。

レース中のアクシデント

40キロ以上のレースとなれば、途中で体のところどころが痛み出すものです。ここでは、代表的な痛みを４つ取り上げ、その対処法を紹介していきましょう。

①マメができたら

走っている途中で起きるアクシデントの中でも、必ずといっていいほどあげられるのが、足にできるマメです。

マメは履き慣れないシューズで走り続けたり、いつもより大きな負荷がかかってしまうと、どうしてもできてしまいます。オリンピックを走るアスリートでも本番でマメに悩まされることがあるくらいなので、4時間も5時間も走る一般ランナーなら、なおさらマメができてもおかしくはない。できるだけ予防してレースに臨みたいものです。

マメができる原因は様々です。シューズのサイズが合っていないのもそのひとつ。買ったときは大丈夫だと思っても、レースになるといつも以上に負荷がかかるので、力の入り方も変わってきます。新しいシューズでレースに臨むときは、本番の1カ月くらい前から足慣らしをしておいてください。

特に夏場は暑さで足の皮がふやけてしまうのでマメもできやすい。僕がいつも言っているのは、「夏場は厚めの靴下を履きなさい」ということ。そうすると、足にかかる摩擦が軽減できるから、マメの予防にもつながるんです。

あるいは、あらかじめバンソウコウをポケットに入れて走り、マメができそうだなと思ったらシューズを脱いで早めに貼ってしまう。これから何時間も痛みを抱えたまま走るくらいなら、少しくらいタイムをロスしても、ちゃんと対処をしておいたほうがいいでしょう。

それでもレース中にマメができて痛くなったらどうするか。状況にもよりますが、足が痛くても、できるだけいつもどおりのフォームで走り通したほうがいい。我慢できないときはしょうがないけど、痛いところをかばいながら走ると、フォームが乱れて別の部分が故障することがあるからです。

②わき腹が痛くなったら

わき腹の痛みは、経験がある人も多いと思います。なかなか痛みがおさまらないので心配になる人もいるかもしれませんが、けっして危険な症状ではないので我慢して走ります。

原因はいろいろといわれていますが、食事をしてすぐ激しい運動をしたときや、消化の悪いものを食べたときに起こることが多いようです。また、冷たい風でおなかを冷やすことも原因のひとつといわれています。

対処法としては、痛む部分を指で強く押すこと。親指、人さし指、中指の３本の固りでグーッと押してやると痛みが軽減することがあります。よく、ＴＶのマラソン中継を見ていると選手がやっているので見たことがある人もいるでしょう。たいていの場合、そうやって我慢して走ります。時間がたてば治ることが多いので、そのまま走り続けてみましょう。

どうしても我慢できないようなら、立ち止まったり、歩きながら対処すればいい。息を吐きながら痛いところを指で押さえてやる。あるいは深呼吸をするという方法もあります。時間がたてば楽になると思うので、それからまた走り出せばいいでしょう。

予防策としては、ふだんから腹筋や背筋を強化しておくこと。それから、急にスピードを上げたりしないように心がけることです。

③けいれんを起こしたら

脚にけいれんを起こしやすい人は、体のエネルギーが足りない証拠。ふだん使っていない筋肉を必要以上に使ってしまうから起きるのです。そのため、筋肉がゆるみすぎてスタートしたときや、フルマラソンのレース終盤で、脚の筋肉が疲れきってしまったときによく起こります。

解決策は日ごろの練習で筋肉に負荷をかけておくことです。レースの直前も練習を休みすぎず、筋肉に刺激を与えておくことが大事です。

また、けいれんには食事や睡眠不足など様々な原因があるので、体調管理も怠ってはいけません。自分の体としっかり向き合って、万全の体調でレースに臨みましょう。

そして、もしレース中に起きてしまったら、立ち止まってストレッチをしてください。再スタートはけいれんした部位をしっかり伸ばしてから。走りはじめは様子を見ながらゆっくりと行き、大丈夫だなと思ったら、スピードを上げてゴールを目指します。

④ひざが痛くなったら

ひざの痛みというのは、原因によって2つのケースに分けられます。ひとつはひざの下が痛くなる「膝蓋靭帯炎《しつがいじんたいえん》」。これは着地のショックによって、お皿の下にある靭帯が炎症を起こします。クッション性のいいシューズを履くことで、ある程度は予防ができるでしょう。もうひとつが「腸脛靭帯炎《ちょうけいじんたいえん》」でひざの外側に痛みが出ます。骨と靭帯がこすれることによって起きるので、日ごろからストレッチをよくやっておくといいでしょう。

いずれにせよ、靭帯を傷めてしまったら走り続けてもよくなることはありません。歩くことに切り替えるか、我慢せずにその場で立ち止まることを考えます。ゴールが近ければ、無理のない範囲でそのまま走り通したり、歩いて完走する。終わってからゆっくり休むことです。

ひざの痛みに対する対策は、日ごろから太ももの筋肉を鍛えたり、ストレッチで柔軟性を養うこと。アップダウンのあるコースを走っておけば、ひざを支える筋力も強くなって、こうしたアクシデントはなくなります。

3．レース前後のケア事項

レースに必要な持ち物

レースの前日は気持ちが高ぶってくるものです。ランニングシューズを手に持って眺めているだけで、なんだかワクワクしてくる。でも、持ち物が完璧にそろっていなければ、不安を抱えたままレースに臨むことになってしまいます。レースに集中するためにも、用意周到な準備が大切です。

主な持ち物は、だいたい以下のとおり。シューズ、ウェアやソックス、時計、タオル、防寒着、バンソウコウ……。冬のレースなら手袋もあったほうがいいし、日差しがあれば夏でも冬でもサングラスは必需品。ゼッケンの引換証や終わったあとの着替え、補助食などを忘れずに用意しておきましょう。

そして、あると便利なものが、ワセリンやオリーブ油。雨の日には腕や脚など素肌が露出している場所全体に塗っておくと、水を弾いてくれるので寒さ対策になります。また、レースの前にマメのできそうなところに塗っておけば摩擦が軽減されて予防することができるし、走っているときに脇の下が擦れて痛くなるという人は、ここにも塗っておくといいでしょう。同じ理由で乳首の周りに塗る人もいます。ワセリンであればドラッグストアで500円も出せば買えるので、ひとつあると重宝します。

最後に、前の日の準備で、しておくと便利なことがもうひとつ。できるなら、コースのどのあたりにトイレがあるのかをあらかじめ知っておくと、いざというときに困らなくてすみます。

水を飲みすぎてレースの途中でトイレに行きたくなったり、もっと大変なのが、お腹を壊したとき。冷たいものを控えるのは当然としても、走っている途中でそうなってしまったら我慢なんてしていられません。「あとちょっと行くと、確か公園があったはずだ」と知っていれば、気持ちも楽。迷わずトイレに駆け込めるように、下調べをしておくことが大切です。

もちろん、レースがスタートしてから困らないように、会場に着いた直後とスタート前の2回は、トイレに行っておきたいところ。ただし、大きな大会になると、簡易トイレも混雑しています。できれば、家を出る前と、最寄りの駅に着いたときに済ませておくといいでしょう。

レース日の朝食

レースの当日は、なにを食べておけばいいのか、ということにも触れておきましょう。

欠かせないのは、エネルギー源となる炭水化物。ふだんの朝食にご飯やお味噌汁、納豆など、一般的な和食を食べている人ならば、それでもまったく問題はありません。

逆に避けたほうがいいのが肉料理です。芋類など、食物繊維が多く含まれている食事も控えたほうがいい。僕が選手によく言っているのは、「朝は冷たい牛乳を飲むな」ということ。走っている最中にお腹を壊してしまったら、自分のペースで走ることもできなくなってしまいます。

朝食をとる時間については、基本的にスタートの4時間前には済ませておくこと。少なくとも3時間〜3時間半前には食べ終わっておきたい。スタートの2時間前に食事をすると、お腹に食べ物が残ってしまい、走っているときに重く感じてしまうと思います。

Qちゃんはレースの当日、いつもご飯と一緒にお餅を食べていました。足りないなと感じたら、カステラも食べていた。それだけ食べておけば、フルマラソンを走るためのエネルギーは十分に充電できるはずです。

どうしてもお腹がすいて走れないという人は、スタートの2時間前か1時間半前にカステラやバナナを1本くらい食べておく。大福なども、小さいけれど意外と腹持ちがよく、食べている人がいます。

また、前日の夕食である程度しっかり炭水化物を食べておくのも手です。那須川瑞穂と佐伯由香里は、パスタを多めに食べて臨んだ翌日の東京マラソン２００９で優勝と2位。ワンツーフィニッシュを飾れた裏には、そうした食事の工夫もありました。

大切なのは、日ごろから規則正しい食生活を送ること。レースだからといっていつもと違うリズムで食事をすると、かえってマイナスに働くことがあります。ふだんからなにを食べたかを練習日誌でチェックし、体調を管理しておくことも大事です。

レース日の時間管理

たとえどんな小さな大会であっても、レースの当日は誰だって緊張で朝からソワソワするものです。ましてや、メジャーな大会に出場するのであれば、そうなるのが当たり前。慌てた精神状態のままスタートラインに立たなくても済むように、起床からスタートのコールがかかるまで、余裕のある行動をとりたいものです。ここでは、そうした当日の時間のすごし方について説明しておきます。

①起床時間

レース当日は、できればスタートの4時間前には起きておきたいところです。本当は5時間前が理想ですが、マラソンは午前中にスタートすることが多いので無理をすることはありません。その気になれば、2時間前でも十分走れるくらいに考えても大丈夫です。起きたら10～20分くらい、家の近所をブラブラと散歩しておく。気分転換にもなるし、体を慣らしておくことができます。

②会場到着

会場に到着するのはスタートの1時間半か1時間前がいいでしょう。不安な人は2時間前。逆に2時間より早く会場にはいないほうがいい。あまりにも早く着いてしまうと、待っている時間が長すぎてかえって疲れてしまうことがあります。

受付を済ませたら、まずウェアにゼッケンをつけて、トイレが空いているうちに一度済ませておく。そしてどこか腰を下ろせる場所をさがして、ストレッチをしながら時間をすごします（１７４頁参照）。上体や脚、ひざを30分くらいかけて十分に伸ばしておき、あとは10分ほどウォーキングやゆっくりトコトコと軽く走っておけば準備はＯＫです。

③ウォーミングアップ

一般のランナーがマラソンに出場する場合、準備運動にそれほど時間をかける必要はありません。中には1時間くらい前からランニングパンツになって、陸上トラックでバンバン走って準備運動をしている人がいますが、あまりやりすぎると本番を走る前に疲れてしまいます。

そもそも、ウォーミングアップが終わってから10分もじっとしていると、なにもしていない状態にまで戻ってしまいます。それなのに、スタートの2時間も前に会場に入って、トコトコ走ったかと思ったら1時間前には休んでいる人がいる。そこからランニングシャツに着替えたり、お茶を飲んでリラックスしていると、せっかく温めた体温も元に戻ってしまいます。それならなにもやらないのと同じ。レースのちょっと前に体温を上げておけばいいわけですから、最後に10分くらいゆっくり走る程度でいいんです。

ウィンドスプリント、いわゆる「流し」をやっている人もいます。50～100メートルの距離をスーッと走って脚に刺激を与えているわけですが、これも一般のランナーがレース前にやる必要はありません。試してみたければ、10分くらいジョギングしたあとに1、2本軽く流すのが目安です。これは、スタートから飛ばすランナーがやるウォーミングアップだと覚えておいてください。

並ぶ位置にもよりますが、出場者が多い大会になると、スタートの号砲が鳴ってから実際にスタートラインを越えるまでにかなりの時間を要することがあります。一般のランナーであれば、その区間をトコトコとゆっくり行って、それをウォーミングアップの代わりにしても十分に体を温めることができます。そこから4時間も5時間も走ることを考えると、準備運動に要する体力をレースに注いだほうが経済的に走れます。

レース後の過ごし方

ゴールした後は、清々しい高揚感で満ち溢れていると思います。目標タイムを更新できた人ならなおさら。達成感と解放感でいい気分を味わっているかもしれません。

　ただし、疲れた体をそのままにしておくと、翌日の仕事や生活にも響いてしまうことがあります。疲労はその日のうちに取り除いておきましょう。走りきったあともその場で立ち止まったり座り込んだりせず、少し歩いてクーリングダウンをしておきます。

　状況が許すなら、10分くらい歩いた後に軽くジョギングをしておくといい。疲労物質の乳酸を取り除き、翌日に疲れを残しません。もし、ジョギングをする余力がない人は、２～３キロ歩くだけでもずいぶん違ってくる。その後は、軽く体操をしたり、念入りにストレッチ。興奮して心臓がドキドキしている人は、腰を下ろしたり、芝生の上で横になって呼吸を鎮めましょう。

　もし、ひざや足首に痛みがあるようであれば、アイシングが欠かせません。その場でできなかったら、家に帰ってからでもいい。ビニール袋に水で濡らした氷を入れて、患部に押し当てます。目安としては10～15分ほど。患部の体温が元に戻ったらまた冷やし、それを２～３回繰り返します。

　特に暑い日であれば、水分の補給も忘れないように。多くの大会ではゴール後にドリンクの提供があるので、それを飲めばいいでしょう。クーリングダウンが終わって着替えたら、消化のいい食べ物を少しずつとるようにしてください。

ただし、レースの直後は内臓がとても弱っています。確かに走った後のビールはおいしいけど、暴飲暴食をすると体調が悪くなることがあるので注意が必要です。脂っこい料理は避け、筋肉の損傷を修復させるために、たんぱく質の補給に努めてください。

補強運動

この本の最後に、佐倉アスリート倶楽部のウォーミングアップ、総合的な体をつくるための「補強運動」と「ストレッチ」をイラストを交えていくつか紹介しておきます。

走るための体は走ることによってつくられるので、最低限のものに絞りました。特に腹筋を主体に紹介しているのは、ここを鍛えておくと走りが安定するからです。

うちの倶楽部では、腹筋だけでも7種目をそれぞれ30回やります（今回は5種目を紹介しています）。これで２１０回。背筋は3種類やって、それを3セット。朝と午後の練習の前にやり、空いた時間を見つけて、個別にやっている選手もいます。腕立て伏せも合わせると、トータルで２０００回近くになるでしょうか。

先日も地方でランニング教室を開いたときに、１００人近くのランナーが集まりました。そこで、コーチから補強運動の説明があったときにこの話をしたら、「女子選手でも、そんなにやるのかぁ！」って、みなさんびっくりしていました。

確かにきついと思います。でも、トップ選手のように数多くやる必要はありません。初めての人なら、気に入ったものを選んで10回ずつから始めるといいでしょう。毎日の習慣にすることから始めましょう。

一方、ストレッチのほうは練習の前後で、自分が今行っているものに組み合わせて使ってみてください。こちらは、トップ選手もアマチュアも関係ありません。あわてず、じっくりやることです。

マラソンでけがをしないために。楽しく走るために。そして健康でいるために。

走ることに加えて、ちょっとした室内トレーニングを加えることを考えてみてください。

1．補強運動
――腹筋・背筋・上腕・大腿部（ハムストリングス）

腹筋の補強運動（5種類）

腹筋の補強 ❶

ひざを曲げて寝た状態から頭だけを上げておへそを見る。下腹部の腹筋を意識しながら数秒静止。上体を最後まで起こすと上部の腹筋を使うが、これは下部を鍛えるもの。

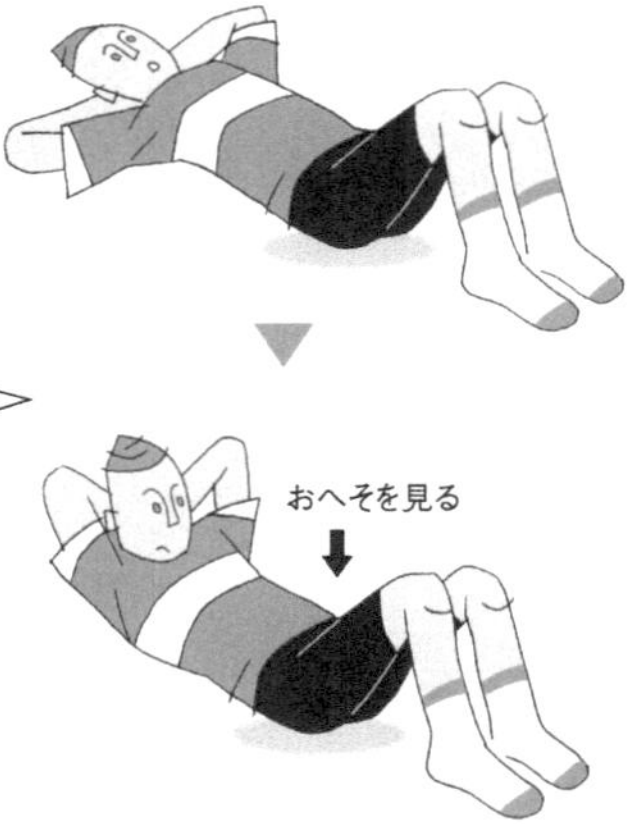

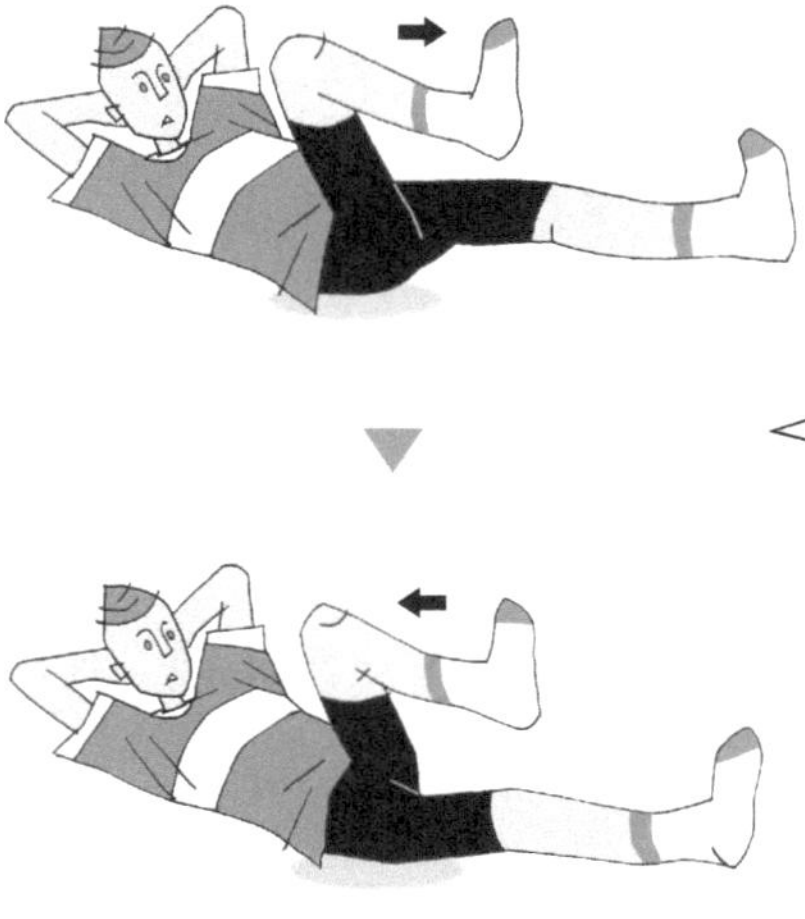

腹筋の補強 ❷

寝転んで90度曲げた片脚を、水平方向に真っ直ぐ押し出す。これを自転車漕ぎのように両足交互に連続して行う。ただし、自転車のように円運動にせず水平方向で行うこと。頭を浮かせてもいい。

腹筋の補強 ❸

かなり上級の腹筋運動。寝転んだ状態から、上半身と下半身をお尻を支点にしてVの字型に起こすもの。そのとき、左手で右足をタッチし、次に右手で左足をタッチする。

腹筋の補強 ❹

寝転んで両脚も浮かせた状態から、左右の脚を空中で上下にクロスさせる。右足を上でクロスしたら、すぐに左足を上に変えるというように連続して行う。頭を浮かせて行う。

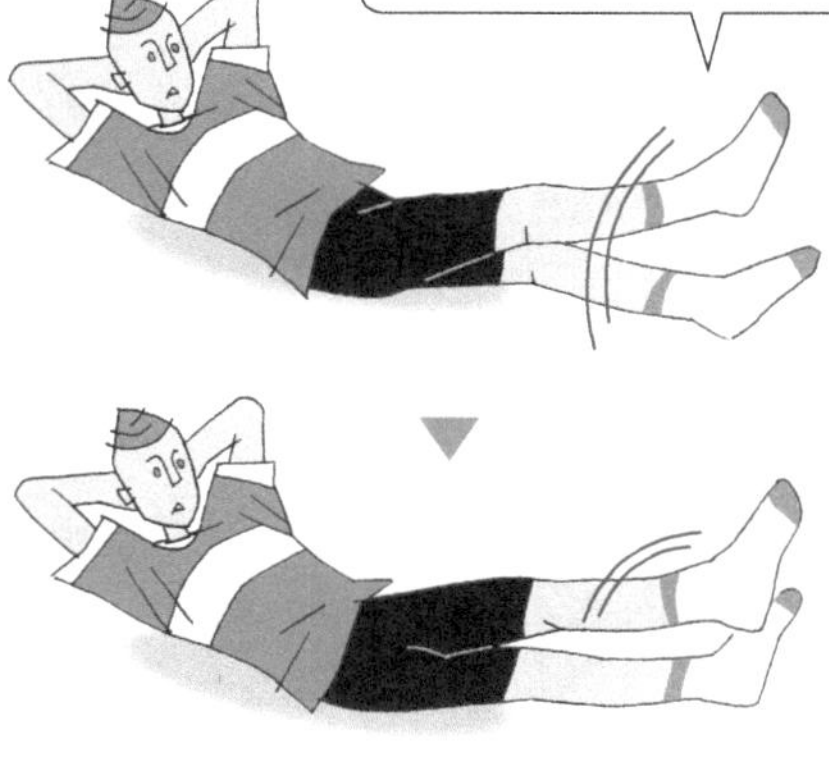

腹筋の補強 ❺

初級の腹筋運動。寝転んで、両脚を揃えたまま空中に浮かせて静止させる。数十秒行うことで無理なく腹筋に負荷をかけられるもの。頭を浮かせてもいい。

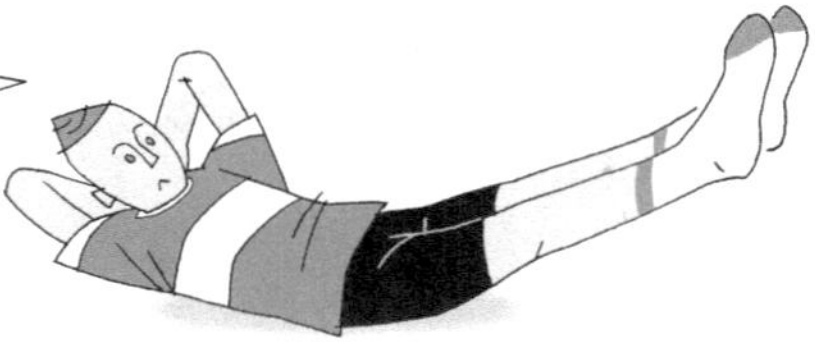

背筋の補強運動

うつぶせに寝転がり、まず右腕と左脚を上げて体を反らせる。次に左腕と右脚、最後に両腕と両脚を上げる。

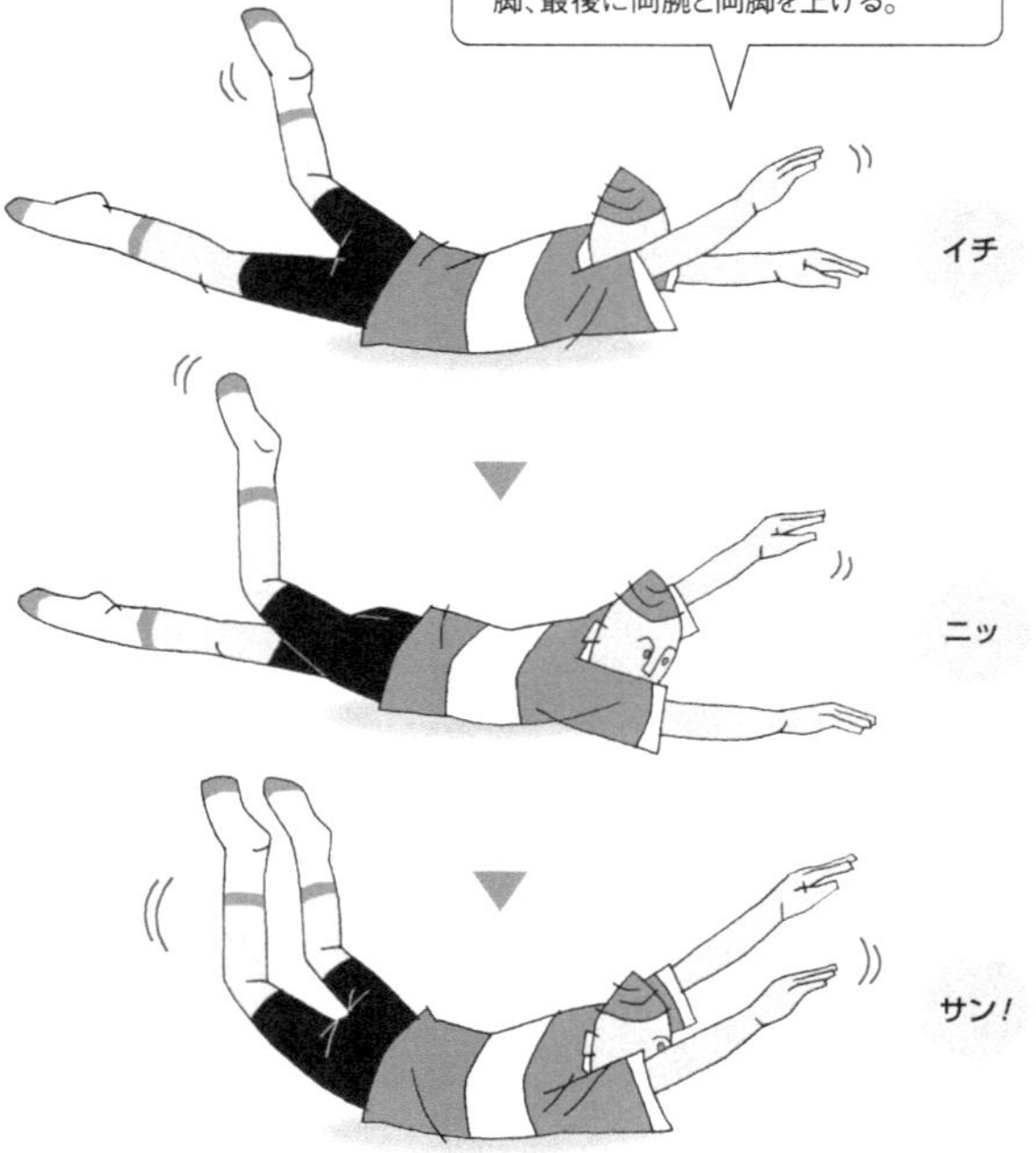

上腕の補強運動

いわゆる「腕立て伏せ」をひざを床についた状態で行うもの。誰にでも無理なく数十回できる。

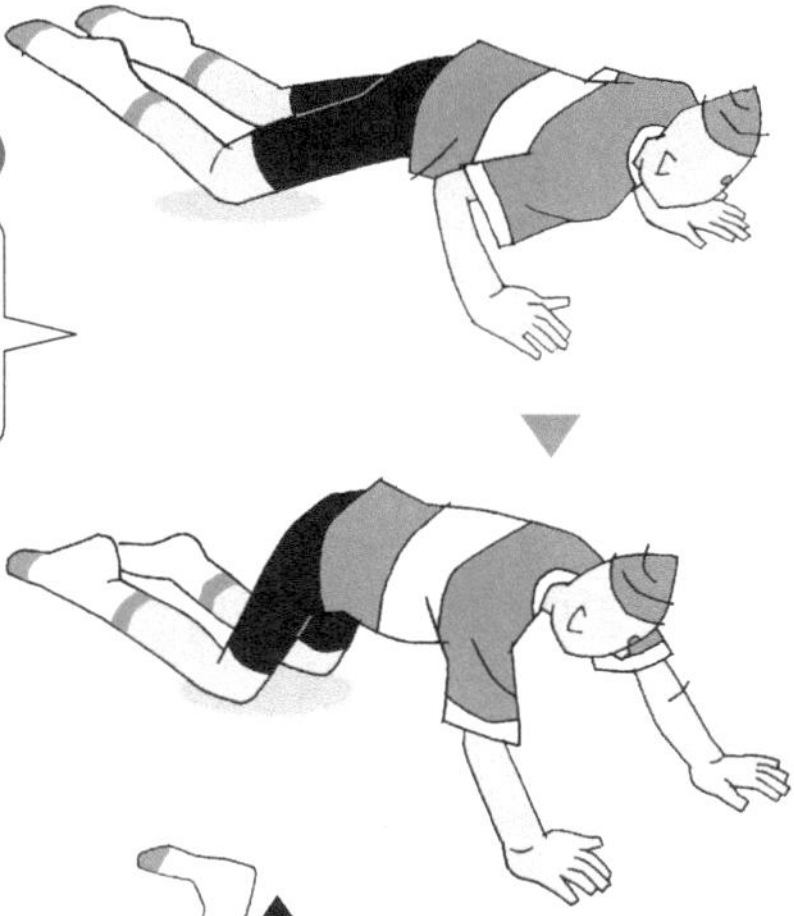

太ももの補強運動

うつ伏せに寝転がり、片脚を浮かせてひざを90度曲げる。その状態から足裏を真上に突き上げる運動を小刻みに連続して数十回行う。太ももの裏（ハムストリングス）を意識して片脚ずつ両足で行う。

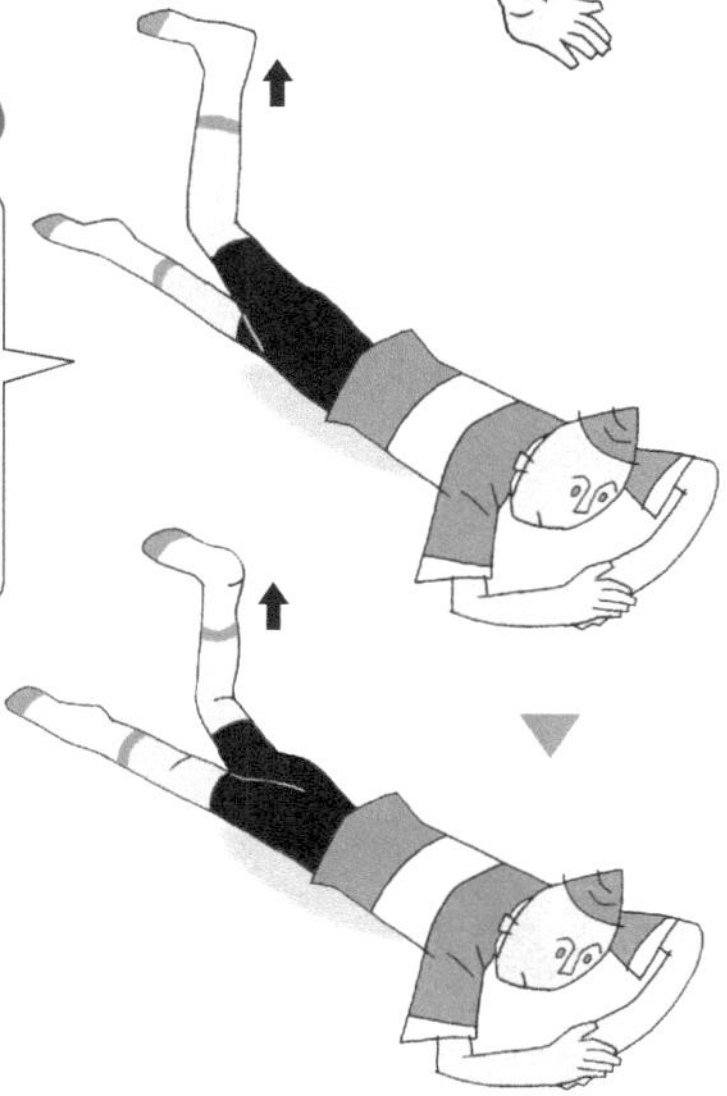

2.ストレッチ
——上体・太もも前部・でん部・股関節＆ひざ

上体をほぐすストレッチ

クロスして合わせた両手の平を、頭上に真っ直ぐに伸ばす。背筋がグーッと伸びるのを感じたら、そのまま上体を左右に倒し、脇の下から横っ腹部分まで伸ばす。左右行う。

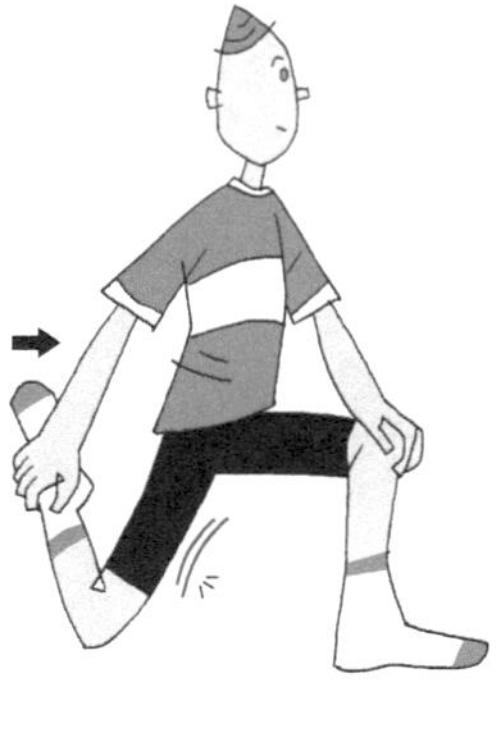

太もも前部のストレッチ

図のようにひざをついた片脚の足首を持って手前に引きつける。太ももの前の部分が張るのが意識できたら数秒静止。左右行う。

おしりのストレッチ

両脚を伸ばして座ったら、片ひざを立ててもう一方のひざの外側に置く。立てた片ひざを両腕で胸に引き寄せる。おしりに張りが感じられたら数十秒静止する。片脚ずつ行う。

股関節とひざのストレッチ

両足を肩幅より開いた状態から腰を真下に落とす。このとき、ひざがつま先より前に出ないようにがんばる。太もも裏とひざに張りを感じたら静止。上体を前に倒すとより張りがでる。

※「補強運動&ストレッチ」の解説は、佐倉アスリート倶楽部の阿部康志トレーナー&コーチが担当。同倶楽部の選手たちが日常行っているものを中心に紹介しました。

小出義雄（こいで・よしお）
有森裕子、高橋尚子ら五輪メダリストを育てたマラソン指導の第一人者。実業団女子陸上部の指導ほか、市民ランナーの育成にも努めた。1939年4月、千葉県佐倉市生まれ。順天堂大学で箱根駅伝を3回走り、卒業後は千葉県立高校の陸上部を指導。1986年には市立船橋高校を全国高校駅伝優勝に導く。88年教職を辞し、リクルート監督へ。97年積水化学監督。2001年佐倉アスリート倶楽部設立。2019年4月24日に逝去、享年80。

マラソンは毎日《まいにち》走《はし》っても完走《かんそう》できない

「ゆっくり」「速《はや》く」「長《なが》く」で目指《めざ》す42.195キロ

小出義雄《こいでよしお》

2009年11月25日　初版発行
2025年8月15日　31版発行

◆◇◇

発行者　山下直久
発　行　株式会社KADOKAWA
〒102-8177　東京都千代田区富士見2-13-3
電話　0570-002-301（ナビダイヤル）

装丁者　緒方修一（ラーフイン・ワークショップ）
ロゴデザイン　good design company
オビデザイン　Zapp!　白金正之
印刷所　株式会社KADOKAWA
製本所　株式会社KADOKAWA

角川新書

ISBN978-4-04-731506-8 C0275